人物叢書

新装版

国姓爺

こくせんや

石原道博

日本歴史学会編集

吉川弘文館

国姓爺（鄭成功）肖像

（台湾省立博物館所蔵）

那須雅城がえがき，延平郡王祠（もと開山神社）に奉献したもの。その大きさは，112×51cm。この原画を模写したものが，いま台南歴史館にある。

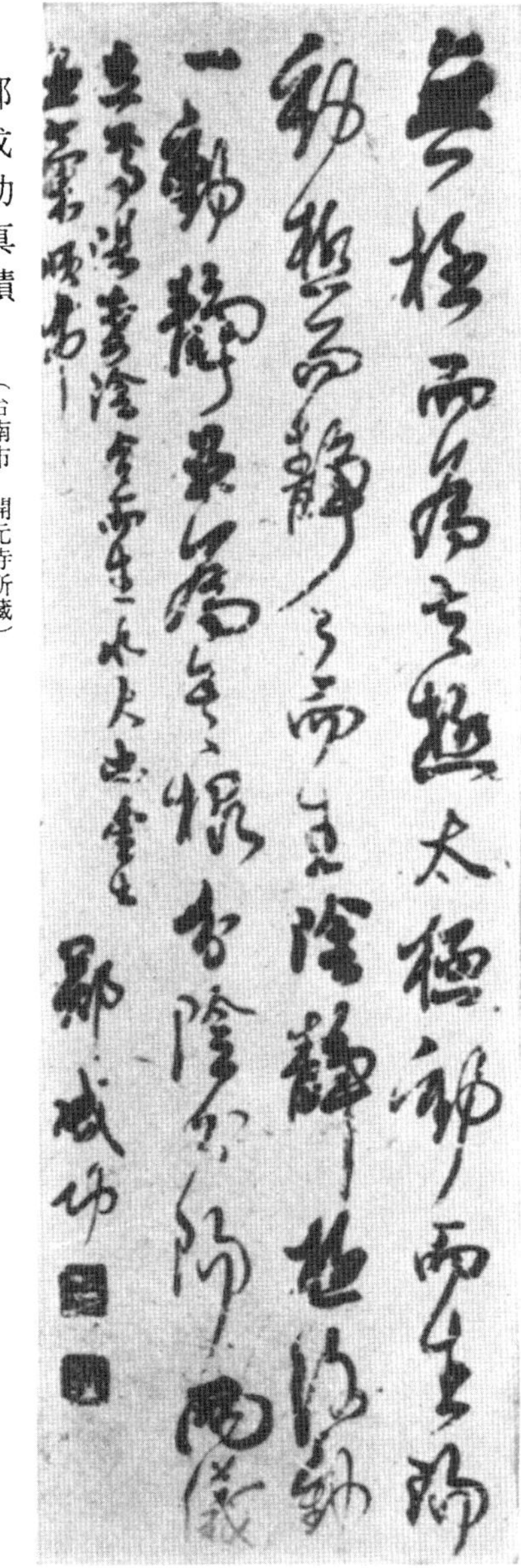

鄭成功真蹟　（台南市　開元寺所蔵）

無極而為ニ太極一、太極動而生レ陽。動極而静、々而生レ陰。静極後動、一動静、互爲ニ其根一。分陰分陽、両儀立焉。陽變陰合、而生ニ水火木金土一、五氣順布。

鄭成功 印 印

鄭成功の真蹟はきわめてすくないが、これは「神韻生動、風格非凡」といわれる逸品。この文は周敦頤の『太極図説』からとったものである。

はしがき

（上略）私の台湾鄭氏に対する感興は、今日もなおつきない。いづれの日にか「国姓爺研究」「鄭成功とその時代」などを完成することができようか。今年は鄭成功が台湾で歿してから、あたかも二百八十年になる。私は鄭成功の三百年祭を、夢にえがきながら精進している（下略）。

これは、わたくしが昭和十七年七月、加藤繁・和田清・石田幹之助三先生監修の東洋文化叢刊の第一冊『鄭成功』（三省堂）のはしがきに書きとめた文章である。それから、太平洋戦争をはさんで、昭和の年は、はやくもまた十七年の星霜が、夢のようにながれてしまった。わたくし自身、また生存を期さなかったこのたびの戦禍は、わたくしの学究生活を根本からくつがえした。電信柱に花の咲く輜重二等兵の臨時応召は、ついに前後六年にわたる在満・シベリア抑留を体験した。いくたびか生死の間をさまよい、からくも内地に帰還はできたものの、環境の激変による虚脱と生活苦を克服して、ふたたび学究生活の新しいスタートをきることは、当時のわたくしには容易なわざではなかった。――

このたび、はからずも日本歴史学会の方々のご推薦により、吉川弘文館・人物叢書の一冊として、鄭成功を書くようにとすすめられた。わたくしは、前著『鄭成功』の約束からも、はじめは辞退しようかと思った。しかし、本格的な「国姓爺研究」や「鄭成功とその時代」を書くには、まだまだ時間のかかることだし、むしろこの機会を利用させていただき、その後の鄭成功研究の成果もできるだけとりいれて、現在におけるわたくしの中間的研究メモをつくっておこう、と考えなおし、ここにペンをとる決意をしたわけである。

題名を『国姓爺』としたのは、わたくしの前著と区別するために、便宜上、変えさせていただいたにすぎない。本文中には、本名の鄭成功をもちいた。

わたくしは、歴史上の人物・伝記というものに、かねてから興味と関心をいだいてきた一人であるが、さて、この史上の人物や伝記を、どういう角度・視点から把握するのが妥当であるかは、きわめて困難な問題である。この本を書きはじめるときも、そのことについて、いちばんあたまを悩ました。そして、けっきょく、本叢書の性格や読者層のことなども考慮にいれ、いわば編年体と紀事本末体とをつきまぜて、全体を六章にわけ、史料にもとづく国姓爺の生涯の素描をこころみることとした。

第一章から第五章までは、かれの歴史事実を中心にのべ、その欠をおぎなういみで、第六章には、内外における国姓爺論をとりあげた。読者は、前者によって鄭成功の伝記的史実をしり、後者によってかれの歴史上の役割・位置づけ・評価・解釈・影響などをしるよすがとしていただきたい。

しかし、わたくしの本当の関心は、たんに史上の「個人」の行動や生きかたを描くだけではものたりない。かといって、本書がどれだけそれ以外のことを果しているかは、わたくしにも自信はない。

なお、本文の叙述には、わずらわしさをさけて、いちいちその典拠をしめさなかったが、いずれも確実な史料や考証の結果にもとづいてのべた。また、その不備をおぎなういみで、付録に、鄭氏系図と略年譜、および参考文献・地図をのせておいた。図版はいろいろ収録したかったが、一般的なものと、めずらしいものを精選して、鄭成功肖像以下、二十五図をおさめた。本文の小見出しとともに、あわせて活用されることを望む。

一九五八年十二月二十七日

茨城大学文理学部史学研究室にて

石原道博

目次

口絵

挿図

一　福松誕生

父は鄭芝龍

国姓爺鄭成功（一六二四―六二）のおいたちをかたるには、まずその父母について一言ふれておかねばならぬ。成功の父は、日本甲螺（中国人が日本語のカシラを漢字に当てたもの。頭領）といわれた鄭芝龍（一六〇四―六一）で、福建省泉州（晋江）南安県石井の人である。芝龍の父は紹祖といい、泉州の庫吏であったという。『石井本宗族譜』によると、鄭氏一世は隠石公で、芝龍はその十一世にあたる。芝龍の字は飛黄、または飛虹・飛皇などとつたえられているが、日本でも一官・老一官としてしられる。これは平戸一官・五島一官といったたぐいの通称であったとおもう。西洋でIquan, Yquan, Equanなどとよばれているのは、いうまでもなく、この一官の音をうつしたものであろう。かれが七つのとき、茘枝（れいし、美味な果実）をとろうとして投げた石が、県令（県知事）蔡善

老一官
Iquan
Yquan
Equan

継の頭にあたり、かえって県令から異常の子供としてほめられたというエピソードがあるが、少年時代から才子肌で、抜群の体力と武芸を身につけていたことは

受洗名はニコラス

事実らしい。澳門におもむき、洗礼をうけてニコラス＝ガスパルド Nicolas Gaspard（尼古拉斯＝加斯巴特）というクリスチャンネームをもっていたとは、西洋側の伝聞である。

黄程

十八歳のとき父をうしない、母方の伯父黄程をたよった。黄程は、いわゆる「倭寇」のながれをくむ南海・中国・日本の三角貿易に従事していた人とおもわれる。

明朝の対外貿易

元来、明朝の対外貿易は、祖訓として「寸板も下海を許さず」という海禁の立場をかたくまもっていた。したがって、なだかい勘合貿易や「倭寇」の消長にしても、日中貿易の制限、ないし禁止による不平不満が、その根本的な原因であった。一般には、豊臣秀吉の大陸出兵――文禄慶長の役（一五九二―九八）を一転機として、二百数十年にわたったいわゆる「倭寇」の患害は、一応終止符がうたれた、

万暦以後の「倭寇」

といわれている。しかし、わたくしの考えでは、万暦（明の年号、一五七三—一六一九）以後も、「倭寇」的密貿易商人はあとをたたなかったと思う。右の黄程も、こうした密貿易商、ないし武装商人団の一人であったろう。芝龍の日本来航は、こうした歴史的背景を反映しつつ、実現されたものであった。

鄭芝龍のなりわい

一説には、芝龍はきものを売ったり、仕立屋をしたりしていたというが、それが本職であったとは思われない。

いわゆる「倭寇」の全盛時代は、わが五島列島（長崎県に属す）はかれらの巣窟であった。なだかい「倭寇」の巨魁王直らは、ここを根拠地としていた。これら海寇のなかには「薩摩王（島津氏）の弟」といわれるものもあり、九州諸大名・浪人のなかには、かれらと気脈を通ずるものもすくなくなかった。

鄭芝龍の日本貿易

こうした日明関係を想定すれば、伯父黄程がやとった商船に便乗して日本貿易におもむくようになった芝龍が、日本滞留の期間に、日本女性と関係のできることは、けっして不自然とはいえない。

喜相院

いま平戸（長崎県平戸市）にある喜相院が、この芝龍の旧宅である。

田川七左衛門

母は七左衛門の娘

倭婦・翁氏

　田川七左衛門の素性については、よくわからないが、足軽ほどの身分であったらしい。先祖は、北条の家臣田川八郎朝頴で、弘安の役（蒙古襲来）に功名をたてた家系ともいわれている。その七左衛門の娘が、すなわち成功の母である。異説に、あるいは平戸中野村河内のまつ（松本氏）という女性であるとか、あるいは翁屋の主人八兵衛の娘高子とかいう俗説もあるが、あてになるまい。中国側では、田川氏のことを倭婦とか、翁氏とかしるし、父七左衛門のことを翁翌皇としている。しかし、屋号翁屋のごときは、逆に中国の翁氏から着想したものであろう。なお、平戸では、父老のことを「翁ツァン」とよぶ。芝龍のしゅうとである田川氏を、いつも翁ツァンとよんでいたことから転じて、翁氏とつたえられたともいわれている。

中国の伝聞

　それはともかく、こうした中国の伝聞から、田川氏は中国人の子孫であろうとうたがわれた。たとえば、あるいは翁の音にちかい用という中国人で、「用」の字を二分して「田川」にしたとか、あるいは翁は「王」で、親王家の女ともいわれた。田川氏を遊女ときめつけるのは極論であろうが、冶工(かじや)翁氏の養女という説もある。

顔思斉のなかまたち

さて、黄程とおなじような密貿易団には、このほか漳州(龍渓)の顔思斉(振泉)、泉州の楊天生をはじめ、洪陞(杲卿)・張弘・陳徳・林福・李英・荘桂・楊経・李俊臣というような仲間がいた。いずれも腕におぼえのある猛者ぞろいであった。殺人逃亡者、大刀の使い手、拳法の妙手、重量挙五百斤のタイトル保持者といった連中である。それぞれ舶主(船主)になったり、またその使役・主管・賓客・用心棒などをつとめていた。鄭芝龍も平戸にいて、たびたび藩士の家をおとずれ、双刀の技をまなんだという。かれらの首領株であった顔思斉が、日本官府ないし豪商を襲撃しようとする計画を芝龍がいさめたとか、また芝龍が田川氏を離別しようとして、かえって田川氏にいさめられたとか、これに類するような伝聞は、

鄭芝龍が双刀の技をまなぶ

真偽のほどはつまびらかでない。

福松誕生

しかし、いずれにしても、田川氏が芝龍の子を宿したことは事実であった。

赤龍・火光伝説

夢に大きな赤龍が天降るのをみたといい、また出産の日に火焔が天に沖したという。こうした伝説は、明の太祖朱元璋が誕生のとき、紅光が屋上をおおい、近所の人々が出火とまちがえ、「朱家の光」と名づけたという祥瑞伝説とも関連があろう。この赤龍の夢や火光伝説はともかくとして、日本側のつたえでは、田川氏が平戸千里ヶ浜で文貝（たから貝）をひろっているとき、にわかに産気づき、浜の巨石によって一男子を生んだという。

千里浜鄭氏遺蹟碑

児誕石

ここは、葉山高行（朝川善庵ではない）作の『千里浜鄭氏遺蹟碑』（和唐内の碑）が建っているところであり（挿図1）、いまも史蹟として児誕石が保存されている（挿図2）。

鄭　森

これが田川福松であり、鄭森である。森という名は、おそらく福松の松と関係があると思う。

なお、ここで一言つけくわえておきたい。芝龍の子は、森（成功）のほかに、

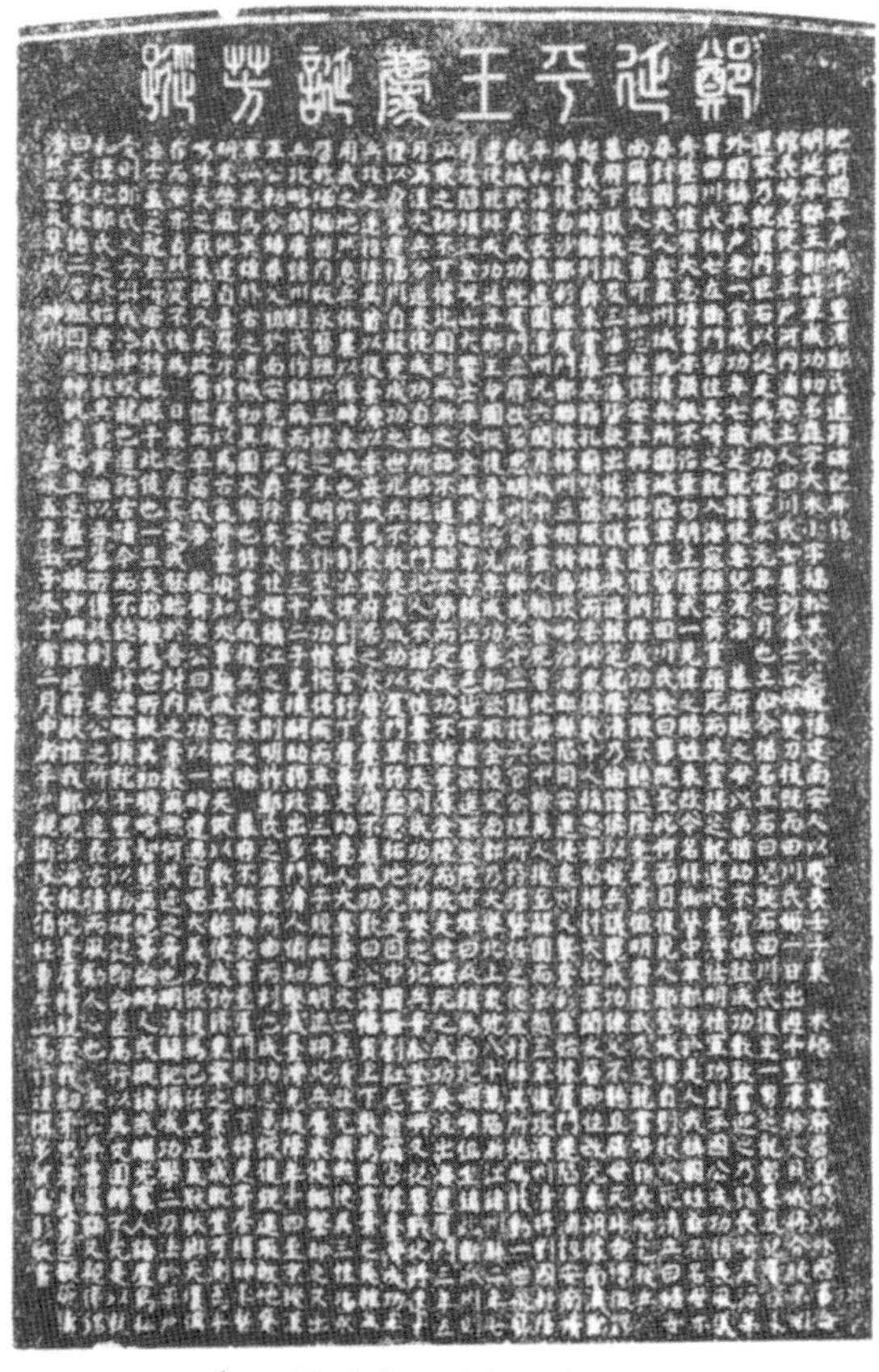

1.　平戸千里浜鄭氏遺蹟碑

五行相生による命名

焱（えん）（渡）・垚（ぎょう）（恩）・鑫（きん）（蔭）・淼（びょう）（襲）の四男子であるが、その命名については注意を要する。五行相生（ごぎょうそうしょう）（木火土金水）の思想によって名づけられたにちがいない。明

2. 児　誕　石

（平戸千里浜鄭氏遺蹟碑（前ページ））上段に大きく「鄭延平王慶誕芳蹤（しょう）」とよこがきしてある。松浦乾斎公の筆である。下段の本文はすべて三十三行一行四十九字。多賀嘉彰の書。俗に「和唐内の碑」とよばれるもの。松浦侯ははじめ朝川善庵に「鄭将軍成功伝碑」をつくらせたが、長文のため、さらに藩老の葉山高行（鎧（がい）軒）がかきなおした。茨城大学付属図書館に、台南毛鋭甫書の「平戸鄭氏遺蹟碑記」（明治己亥＝三十二年）の一幅がある。

（児　誕　石）田川氏が、この岩によって福松を生んだとつたえられる。年々、風波のため浸蝕がはなはだしい。この写真は、平戸の徳村博福氏が撮影して、著者におくられたもの。

字は大木

生まれたのは寛永元年七月十四日（陽八月二十七日）

七月二十三日（陽九月五日）、七月十五日（陽八月二十八日）説

ゼーランジャ築城

朝歴代天子の諱（本名）も、その輩行（兄弟の順序）にしたがい、やはり木火土金水の五行相生にちなんで命名されている。

さて、のち銭謙益からつけられた字（別名）の大木というのは、むろん名の森にちなんだものであろう。早苗もやがて大木となり、うっそうたる森となるよう期待したのであろう。ときに、わが寛永元年（一六二四）七月十四日、明では熹宗の天啓四年、後金では太祖の天命九年であった。陽暦に換算すると、八月二十七日にあたる。一説に、七月二十三日（陽九月五日）、また七月十五日（陽八月二十八日）ともいう。この年、日本では、日光東照宮の陽明門がめでたく落成している。これよりさき、大坂夏の陣によって豊臣氏が亡んだ（一六一五）。西洋では、ロシアのロマノフ朝がはじまり（一六一三）、ドイツでは三十年戦争（一六一八―四八）の渦中にあり、イギリスでは清教徒のアメリカ移住（一六二〇）、「権利の請願」（一六二八）がおこなわれていた。オランダ人は、この年、ゼーランジャ城を台湾にきずいていた。

明国の情勢と二つの大変革

さて、このころ明国の情勢はどうであったか。結論をさきにいえば、国内・国外にわたって、二つの大変革がおこりつつあった。

明朝の支配体制がくずれる

ひとつは国内における明朝の支配体制が、すでに限界にちかづいていたことである。地方農村における経済のゆきづまりは、あいつぐ天災の流行とともに、年々生活の道がうしなわれていた。西北部の陝西や河南地方では、李自成や張献忠の指導のもとに、これまでにない大規模な農民一揆が津浪のようにおこっていた。この事実は、まさに重大な政治的・社会的危機の到来をいみする。

流賊・闖賊・大寇

明朝では、かれらを「流賊」「闖賊」「大寇」などとよび、獅子身中の虫とみなしていた。しかし、農民の側からいえば、あいかわらず自分たちをおさえつけ、しぼりとる強権者にたいし、抵抗し挑戦してくれる指導者は、すくなくとも「時の氏神」とかんじたにちがいない。

李自成

きのうは東に流れ、きょうは西におもむく李自成らのやりかたは、出没変化の妙はあっても、企画性と安定性とにかけていた。しかし、それにもかかわらず、天啓七年（一六二七）から十七年間にわたるこの「闘争」は、崩壊に直面していた明朝の封建支配に、一大痛撃をあたえたものであった。

満州族の侵入

もうひとつは、満州族が万里の長城をこえて、内地へ侵入しようとしていたことである。東北部で機会の到来をうかがっていた満州族は、少数貴族の支配のもとに、国を後金と号し（一六一六）、中国全土の征服を夢みていた。いわゆる「北狄」の中国支配は、遼・金の不完全な時代をへて、元（モーコ）の完全な支配を経験している。伝統的な中華中国（華夏）思想や、中国世界国家の理念からは、漢族の明王朝としては、とうていしのぶことのできぬ、ゆゆしい危機の到来である。

後金

華、夷に変ずるの態

わが徳川幕府の御用学者林恕（春斎）さえ、このありさまをみて、満州軍を「韃虜」とよび、「華、夷に変ずるの態」となげき、「夷、華に変ずるの態とならば、たとい方域を異にすとも、また快ならずや」と願望をこめているのをみても、この間の事情が察せられよう。

内賊と外侮

すなわち、明朝は、西北部におこった「流賊」の横行（内賊）と、東北部におこった「韃虜」の侵入（外侮）という両難にたいして、内部崩壊と民族独立との危機にさらされたわけである。したがって、このころの中国社会は、いうなれば、階級的矛盾から民族的矛盾に転化していたものともみられる。いいかえれば、「生を愛し死を悪む」明朝支配者にたいする反官・反権力闘争から、「強隣」満州貴族の征服をはばもうとする民族闘争に転化していたのである。「民族の英雄」といわれる鄭成功は、そういうい みで、やはり「時代の児」という運命をになって、この世に生まれでたのであった。

階級的矛盾から民族的矛盾へ

民族の英雄鄭成功

福松の弟次郎左衛門

さて、福松には、五年後に弟が生まれた。次男であるから次郎左衛門と名づけたが、やがて母方の祖父の名をおそうて七左衛門と称した。福松は、肥前平戸の

3　延平、髫齢依母図（朴斉家画・藤塚鄰氏蔵）

「延平」は福建省の地名であるが、延平郡王に封ぜられたにちなんだ鄭成功の代名。「髫齢」はたれがみのよわい、髫歳・髫歯ともいう。「母」はいうまでもなく田川氏をさす。図の左上にしるされている文は、つぎのとおり。（原文は漢文）

延平、髫齢にして母に依る図

明季の鄭芝龍は、日本の贅壻（いりむこ）たり。子成功を生む。芝龍里に帰る。成功は母に依り、日本に留居す。吾が国の崔氏、芸術を以って扶桑に游び、曽つて之が為めに真を写し、稿を留めて帰る。今、崔氏に人なし。稿は呉が師に存す。家仿うて之を臨す。其の緋衣して端坐せる者は、芝龍の妻、日本の宗女なり。髪を被れる幼童の、刀を佩びて游戯せる者は成功なり。

朴斉家修其写誌

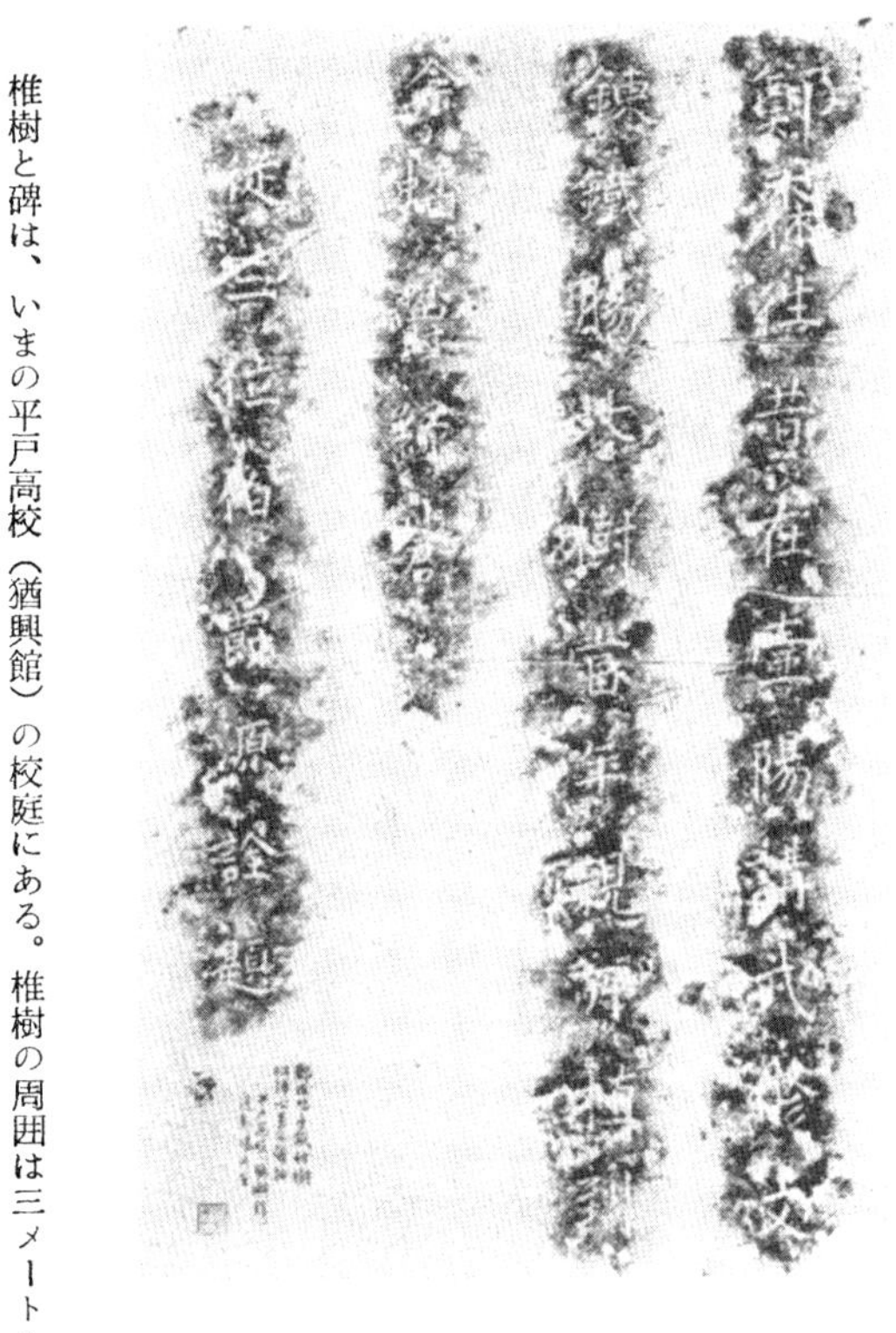

4　鄭成功手栽椎樹松浦心月公碑（拓本・著者蔵）

椎樹と碑は、いまの平戸高校（猶興館）の校庭にある。椎樹の周囲は三メートル余。樹心はすでにくさり、空洞となっている。福松は、剣道を藩の指南花房某からまなんだといい、七歳で渡海するとき、花房家へいとまごいにゆき、この椎樹を記念にうえたとつたえられる。碑拓の詩は、つぎのとおり。

鄭森往昔在㆓壺陽㆒、講㆑武修㆑文
錬㆓鉄腸㆒。此樹当年親所㆑植、到㆑
今蟠欝緑蒼々。
　従三位伯爵源詮題

鄭森往昔壺陽に在り、武を講じ文を修め鉄腸
を錬る。此の樹当年みずから植うるところ、
今に到って蟠欝して緑蒼々たり。
　従三位伯爵源詮題す

この碑拓も、平戸の徳村博福氏から著者におくられたもの。

少年時代

延平、髫齢にして母に依る図

河内浦で、七歳まで元気にすごした。この幼年時代のことは、つまびらかでない。わたくしの想像では、はじめから蝶よ花よと、もてはやされたのではなかったと思う。臆測（おくそく）をたくましくすれば、むしろ日中の混血児として、とかく周囲から奇異のまなこでみられ、思ったほどのびのびとした生活は、できなかったのではあるまいか。もっとも、朴斉家（ぼくせいか）（修其）うつすところの「延平、髫齢（ちょうれい）（幼年）にして母に依る図」（挿図3）をみると、洋風家屋の二階に、六―七歳の福松が剣をおび、

犬をだいて立ち、階下には母の田川氏が、端麗な明服をまとって庭先に腰をかけ、兎をだいている。経済的には、むろん衣食住ともなんの不自由なく、異国風のゆたかな生活を送っていたことが想像される。いまの平戸高校(猶興館)の校庭には、

鄭成功手栽の椎樹

「鄭成功手栽椎樹松浦心月公碑」が建っている(挿図4)。

鄭家の富強

さて、父の鄭芝龍は、そののち弟の芝虎・芝鳳(鴻逵?)・芝豹らとともに、李魁奇とか劉香老とかいう沿海の海賊をうちやぶって、不動の地位をきずいた。鄭家の富は、王侯をしのぎ、その威風は「八閩」(福建省周辺)にとどろき、ついに沿海地方における最強の軍閥となり、最大の地主となった。これまで鄭芝龍は、まえにのべた顔思斉の後継者として興起したようにいわれている。しかし、じつは、「な

顔思斉と李旦

その人物」とされた李旦(Captain Andrea Dittis)とむしろ交渉があり、芝龍は李旦の死後、はじめて強大となったものである。衰退の明朝が、このとき、かれを招

鄭芝龍が明に降る

撫しようとしたのは当然である。時流をみぬき、名利にさといかれは、海防遊撃

としてむかえられ、やがて総兵官となり、都督にすすんだ。

福松が単身大陸におもむく

平戸にいる田川母子をよびよせる条件は、ようやくととのった。芝龍は便船に迎えの使者をのせて日本におもむかせた。しかし、次郎左衛門はまだやっと二つの乳のみ児である。母子三人の中国行は、奉行所でもなかなかみとめない。やむなく、七歳の少年福松は、単身、父芝龍のいる福建泉州の安平鎮にむかって船出した。なつかしい故郷をあとに少年の胸には、不安の雲と希望の虹とが、東シナ海の空に、こもごも大きく入り乱れたことであろう。

安平における少年時代

父の居城安平鎮は、海を圧して堂々たるかまえであった。大船・巨舶が、すぐ港へよこづけになる。福松――鄭森は、このめぐまれた環境で、思う存分たのしい少年時代をすごしたことと思う。むろん、はじめは言葉も通ぜず、習慣もちがっていたから、子供なりにその小さい胸をいためたことであろう。しかし、聡明なかれは、まもなくこの環境に順応し、新しい希望と勇気にみちたにちがいない。

父は沿海きっての大親分で、多数の海船や軍船をもっており、かれにかしずく船員や水兵たちからきく海上生活の冒険や、海戦の武勇談などは、この少年のこころを、さぞかしわきたたせたであろう。

5.　鄭成功居宅趾　(平戸市河内)

福松を大陸におくった母の心境

母の田川氏が、わずか七歳の福松を、単身、大陸に送りだしたについても、わたくしのまえの想像をさらに徹底させれば、外面的なゆたかな生活はべつとして、やはりとかく世間のくちうるさい混血児福松を、ながく日本内地にとどめておくよりも、むしろ思いきって中国へ送りだした方がしあわせだ、と感じたからではあるまいか。かりに、福松が大陸に渡らず日本にとどまっていたとしたら、かれの生涯も、あんがい平凡におわったかもしれない（挿図5）。

鄭森の学習

「十有五にして学に志す」とは、なだかい『論語』のことばであるが、少年鄭森は、はやくから読書がすきで明敏であった。十五歳のとき、南安県学員生にえらばれたらしい。一説には、南京に学び、当時、節義をもってきこえた銭謙益（せんけんえき）（一五八二―一六六四）の門に入り、森の名にちなむ大木という字（あざな）をつけられたといわれているが、これは二十一歳のときかもしれない。「剣門に遊ぶ」の一首と、「桃源澗（とうげんかん）に遊ぶ」の二首とは、このころかれが作った詩である。いずれにせよ、かれの修学時代のことは、あまりくわしくしられていない。しかし、かれはけっして裕福な環境にあまえることなく、切実な政治の動向、きびしい時局の転移についても、

銭謙益

鄭森作の詩三首

ふかく沈潜するところがあったと察せられる。

崇禎帝の最後

明朝最後の天子毅宗崇禎帝（一六二八―四四）が、北京の景山（煤山・万歳山）でみずから首をくくって死んだのは、直接には文字どおりの「闖賊」李自成が、北京を攻め落した結果であった。これで、明朝は第一代太祖洪武帝からかぞえて、十七代二百九十五年をもって亡んだわけである。ときにわが正保元年（一六四四）、「鎖国」が確立し（一六三九）、田畑永代売買が禁止された翌年にあたり、イギリスでは内乱（一六四〇―四九）の渦中にあった。鄭森、二十一歳のときであった。

明朝が亡びた原因

明朝滅亡の原因については、おもしろいたとえ話がある。――当時の明朝は重病人であった。辺警（満州軍）は腰背の病、張・李は腹心の病、天災は傷寒・失熱の病。一身でこれだけ病気があれば、とうてい治る見込みはないのだが、これを治療したのが、またヤブ医者であった。これでは、死なないのがむしろふしぎである、と。

満州軍の長城線突破

さて、万里の長城線までせまってきた満州軍は、どうしてこれを突破したであ

「忠臣」呉三桂

ろうか。当時、「天下第一関」の山海関(さんかいかん)をまもっていたのは、明の将軍呉三桂(ごさんけい)であった。かれは、「流賊」李自成らの革命的勢力を弾圧するため、満州軍と妥協してこれに降り、その先導者となって関内に攻め入らせた。近松の『国性爺合戦』では、「忠臣」呉三桂であるが、じつは「逆臣」「貳心(じしん)」であった。満州軍は、ここに「名分」をえて華北になだれこみ、大いに残暴(ざんぼう)をはたらいた。「抗清復明(こうシンふくミン)」をスローガンとする民族闘争は、いよいよ切実な問題となってきた。

二　抗清復明

福王弘光帝

北京が陥落すると、残明復興の第一号として、史可法らにより南京に擁立されたのが神宗万暦帝の孫、福王弘光帝（一六四五）であった。しかし、かれは時局をわきまえず、酒色にふけるような人物であったので、南京はたちまち清軍に攻めとられた。かれもとらえられて殺された。

唐王隆武帝

残明復興の第二号は、鄭芝龍らにより福州（福建）に擁立された唐王隆武帝（一六四五—四六）である。鄭森は、父の芝龍にしたがい、ただちにそのたたかいに参加した。

国姓爺鄭成功

隆武帝が、森をこよなく愛し、信頼し、「もし自分に娘がいたら、お前をむこにしたい」といい、国姓の朱をたまわり、成功と改名させ、御営中軍都督としたことは、なだかい語り草となっている。国姓爺のよび名は、これにもとづく。成功、

西洋における国姓爺のよびかた

朱成功を用いなかった理由

明儼という字

小国姓

二十二歳のときである。爺は、老人といういみではなく、敬称である。近松の名作に『国性爺合戦』となっているのは、むろん正しい表現ではない。日本で、国姓爺をコクセイヤといわず、なぜコクセンヤとよんでいるか。おそらくKuo-hsing-yeh か、Kok-seng-ya（厦門）の転化であろう。西洋でCocksinja, Cocxima, Cogseng, Cogsin, Con-seng, Coseng, Cotsen, Coxing, Coxinga, Koksenja, Koxin, Koxinga, Koxinja, Kue-sing, Kuesim, Quaesingus, Queosing, Quesim, Quesin, Quoysim など、いろいろにつたえられているのは、いずれもこの音をうつしたものである。朱成功というのが妥当なよびかたであるが、成功みずからは、いつも鄭成功を称した。朱姓をもちいるのはおそれおおい、という信念をもっていたからであろう。明儼という字は、成功と改名してから後のものであろう。

なお、鄭芝龍の弟鴻逵（芝鳳、あるいは芝彪）の長子肇（耀）基も、おなじく隆武帝から賜姓された。成功と区別して「小国姓」といわれたという。このことはほとんどしられていないので、特記しておく。

田川氏が大陸へわたる

これよりさき、芝龍父子の手紙が、日本の田川氏のところへとどいていた。中国に来てほしい、との文面である。次郎左衛門は、もう十六歳に成長していた。田川氏は、祖父への孝養を次郎左衛門にたのんで、ひとあしさきに長崎を船出した。田川氏も、いつか来るべきときがついに来た、と決心していたにちがいない。船が安平鎮へつき、十五年ぶりに母子再会のよろこびにひたったのは、鄭森が隆武帝にお目にかかった翌月のことであった。

鄭芝龍が清に降る

ところが、平国公(へいこくこう)に封ぜられた鄭芝龍のこころにも、やがて一抹(いちまつ)の不安と動揺が去来しはじめた。もともと名利に鋭敏な、密貿易商の転身である。日ましに強大となる新興の清軍に投ずべきか、夜ごとに衰退する劣勢の残明に留まるべきか。「人傑とは、すみやかに時務を識(し)るものである」との信条は、ついに自分の生命・財産を第一義とした。こうした洞ヶ峠(ほらがとうげ)をきめこむ日和見(ひよりみ)主義は、やがて動揺分子となり、ついに裏切分子に転落した。

鄭成功が孔子廟で儒服を焚いたという話

忠孝伯に封ぜられた鄭成功は、純然たる抗戦派であって、「和平」の好餌(こうじ)にひっかかるような妥協派ではなかった。成功は、去りゆく父芝龍にむかって、「虎は山を離るべからず、魚は淵を出ずべからず」と、泣いていさめたという。成功が孔子の廟にいたり、儒服をぬぎすて、香炉のなかでこれを焚(や)きすて、断固たる抗清復明の決意をしめしたのがこのときだというのは、たんなるエピソードにすぎないと思う。

抗清復明の決意

しかし、西村茂樹は「鄭大木、儒服を焚く図」と題し、「涕涙(ているい)乱れ濺(そそ)ぐ儒服の烟」云々(うんぬん)の漢詩をつくっている。

成功は、手兵(しゅへい)をひっさげて各地に転戦し、これ日も足らぬ復興運動に挺身(ていしん)していた。

福州落居

ところが、正保三年＝順治三年(一六四六)には、芝龍の内通によって、福建はたたかわずして、あえなくも清軍の手におちた。隆武帝はとらえられ、弘光帝とおなじ運命をたどった。このときが、福建を根拠とする鄭氏にあたえられた最初の

鄭成功が海にでる

試練であった。芝龍は、成功を道づれにするつもりであったが、失敗した。成功は海にいで、従兄の鄭聯を厦門島にむかわせ、みずからは叔父の鄭鴻逵とともに金門島によった。

鄭成功が父を責める

「古より父、子を教うるに、忠をもってするを聞く。いまだ子を教うるに、君に貳心せよというを聞かず」とは、成功が芝龍を責めた答書の一節である。

桂王永暦帝

残明復興の第三号は、瞿式耜らにより肇慶（広西）に擁立された神宗の孫、桂王（永明王）永暦帝（一六四七―六二）である。

前三藩

わたくしは、以上の福・唐・桂の三王を、かりに明末の「前三藩」とよぶ。そして、いわゆる三藩の乱でなだかい呉・尚・耿の三王を「後三藩」とよんで一応、区別している。

魯王以海と益王由本

もっとも、明末には、わたくしのいう「前三藩」のほか、残明復興の拠点として、紹興（浙江）に擁立された魯王以海、建昌（江西）に擁立された益王由本がいる。

明末の五藩

したがって、「前三藩」とこの魯・益二藩をあわせて、かりに「明末五藩」とよんでいる。魯王以海は監国として、明室復興運動の一拠点であった。しかし、皇帝を称したのは、むろん「前三藩」だけである。

田川氏の最後

鄭芝龍が清軍に投降したことは、鄭軍にとってはもとより、残明復興闘争における第一の危機であった。富庶と堅塁をほこった安平鎮の居城も、清軍の残暴にまかせられた。田川氏はこのとき、最後までふみとどまって自害し、安平城の花と散った。ときに四十五歳であった。田川氏の最期については、その場所と方法について異説がある。たとえば、安平鎮ではなくて泉州城（安平鎮の北六十華里）と

泉州城と安平城

するのは、泉州城と泉州の安平城とを混同したものであろう。また、泉州城楼にのぼって自害し、下を流れる川に身をおどらせて死んだといい、清兵はこれをみて、「女子でさえこういう最期をとげるのだから、日本人の勇気は本当におそろしい」と歎賞したという。この伝聞は、大和なでしこの典型として、日本人のあいだにも評判になったが、これと反対の異聞もある。たとえば、清兵のために姦

顔氏

せられ、首をくくって死んだとか、それをしった成功が、その汚れを洗いきよめて葬ったとか、いろいろある。辱められて死んだという説は、いまの中国においても信じられている。思うに、中国における芝龍は、べつに顔氏をむかえていたから、田川氏としては、日本にいても中国人と結婚したというはばかりがあったろうし、はるばる大陸にわたっても、やはりかずかずの心労がたえなかったことであろう。

殺父報国ということ

いずれにしても、隆武帝はとらわれて殺され、母は自害し、父は裏切者となって清に投じた。成功は軍船に、「殺父報国」の旗をかかげて復仇をちかったともいわれる。このことも、中国では一般に肯定されている。しかし、すくなくとも仁義礼智信など、儒教精神を終始高くかかげて部下を統率していた成功が、あるいはこころの中には「殺父」の悲憤にもえていたにせよ、当時、これをスローガンとして軍船の旗じるしとし、士気を鼓舞したとはかんがえられない。

鼓浪嶼の鄭成功

安平鎮の居城をうばわれた成功は、ひとまず厦門(アモイ)の西どなりである鼓浪嶼(コロンス)を根拠として、軍隊を訓練し、艦船を建造していた。その戦闘は一出一没、風のごとく来り、風のごとく去った。ところが、安平鎮にかわる第二の根拠地を確保する時期が到来した。

厦門の鄭彩・鄭聯

金門の鄭鴻逵

厦門・金門を確保する

このころ、成功は肇慶(ちょうけい)の永暦帝を奉じ、漳国公に封ぜられていた。厦門(アモイ)島には、魯王以海を奉ずる成功の従兄建国公の鄭彩(ていさい)、定遠侯の鄭聯(ていれん)兄弟が拠(よ)っていた。これとむかいあいの金門島には、叔父鄭鴻逵(こうき)が拠っている。このとき、成功は部下の進言をいれて、鄭聯をあざむき、これを襲殺(しゅうさつ)して厦門島を確保し、ついで金門島も手中におさめた。わが慶安三年＝永暦四年(一六五〇)、成功二十七歳のときである。のち、厦門の中左所(ちゅうさしょ)を思明(しめい)州と改めたが、抗清復明の至情、烈々たるものをかんぜしめる。ただこの厦門占拠は、その手段において非合法であったばかりでなく、

鄭芝莞を斬る

また桂藩と魯藩の不和を暴露したものでもあった。したがって、成功としても、きわめて後味（あとあじ）のわるいものだったにちがいない。後人は、至高目的のために、手段をえらぶいとまがなかったため、と弁解している。成功は、つねに公私の別をあきらかにし、私事のために公事をそこなうことはすくなかった。鄭芝莞（しかん）を斬罪にしたのも厦門の留守をおろそかにしたためである。短気で、情に激する欠点をもっていたようであるが、いわゆる直情径行（ちょくじょうけいこう）型で、部下の将兵は、その果断な軍律に畏服していた。

鄭成功の当面の任務

さて、成功の当面の任務は、「金穴（きんけつ）」厦門・金門両島を本拠として、沿海各地に軍事上・経済上の外廓（がいかく）拠点を拡大し、それらを屯居（とんきょ）、足だまりとして大陸反攻・失地回復に転ずるチャンスをつかむことであった。成功が連年にわたり、くりかえしくりかえし沿海経略をこころみているのは、そのためである。

鄭成功の沿海経略

いま永暦五年（一六五一）から同十四年（一六六〇）まで、つまり成功が金・厦（か）両島を確保した前後から、第四章にのべる南京攻略後におよぶ期間をしらべてみると、つぎのようである。おもな地域は、福建・広東・浙江の三省。福建では福寧（霞浦）・福安・寧徳・福州（閩侯）・長楽・興化（莆田）・仙遊・恵安・南海・泉州（晋江）・同安・徳化・永春・安渓・漳州（龍渓）・雲霄・永定・龍巌の十八地方、広東では潮州（潮安）・潮陽・掲陽・澄海の四地方、浙江では温州（永嘉）・台州（臨海）の二地方などがめにつく。

有力な徴餉地方

ことに福建の福・興・泉・漳と、広東の潮・掲と、浙江の温・台とは、鄭軍にとっては、もっとも有力な徴餉地（兵站基地）として、つねに重視された。その徴集手段は、じつは強取掠奪も辞さなかったのであるが、成功はつとめてこれを禁じた。

正供・助餉・楽輸

そして、すくなくとも「正供」「助餉」「楽輸」という名目のもとに行っていることを、注目しておきたい。成功は、いつの場合も、あくまで「大信・大義を天下に示伸（布告）する」ことを主眼としていた。

鄭成功の商販貿易

成功は、こうした沿海経略と並行して、いわゆる東洋・西洋・南洋をつらねる

五大商・十商行

商販貿易もわすれなかった。直属の「五大商」や、五常にちなむ仁義礼智信、五行にちなむ金木水火土の名をもつ「十商行」などがあった。そして内地はもちろん、日本・琉球・台湾から安南・交趾・シャム・呂宋（フィリッピン）など、南海各地にいたるまで、さかんに通商していた。陸上につよい清軍も、海上においては船酔いする将士さえいて、どうしても鄭軍を圧倒することができなかった。そ

清朝の対策

こで、清では硬軟両様の征討と懐柔の両策を、そのときどきによって、使いわけ

和議

てきた。清に降った父の芝龍や弟の渡をおとりとして、執拗な「和議」がくりかえされたのは、このためである。そして、成功にその見込がまったくないとしる

海禁

と、こんどは、明朝の先例をおもいだして、「海禁」を実施した。明暦元年＝順治十二年（一六五五）のことである。しかし、鄭氏を本当にくるしめたのは、これを徹底させた沿海五省にわたる「遷界令」がしかれてからである。

それはともかく、鄭軍の軍需をささえ、これを強大にしたのは、主として右の

沿海経略と商販貿易であった。しかも、これにくわえて、成功は積極的な海外請援（せいえん）にも努力した。つぎにのべる「日本乞師（きっし）」は、その代表的なものである。

三　日本乞師

日本乞師のいみ

「日本乞師」というのは、そのいみからいえば「乞師日本」、あるいは「請援日本」とかくべきであろう。残明の遺王・遺臣たちから、応援の軍隊ないし軍需品を日本に請求してきたことをさすからである。べつのいいかたをすれば、日本にたいする「援明抗清」の要請である。「日本乞師」の文字をことさら使用した理由は、明末清初の大儒黄宗羲に『日本乞師記』の一篇があり、かれみずからも長崎に請援のため来日したといわれており、「日本乞師」のことばが、専門家のあいだには、そのまま通用しているからである。

日本乞師の人々

さて、明末の日本乞師といえば、もとより鄭成功ひとりだけではない。父の鄭芝龍、子の鄭経、一門の鄭彩・鄭泰をはじめ、崔芝・周鶴芝・馮京第・兪図南・

日本乞師の時期

黄宗羲・朱舜水・張斐（はい）などがある。年代的にいっても、清の入関後だけでなく、入関前にもいくつかの事例がある。

海外請援のかずかず

また日本乞師といっても、琉球を介する間接のものや、そのほか直接に琉球、また南海諸国・ローマ法王庁などもふくむひろい海外請援の一環でもあった。日本のことがとくに名高いが、わたくしの研究の結果、日本についても、ほかの諸外国についても、多くの新史実を発見した。これらのすべてをのべる必要はないから割愛（かつあい）するが、ここでは、鄭成功の請援を中心に、鄭氏一門のことをこれにつけくわえてのべる。ただし、これは日本請援の一部であること、さらに日本請援もまた海外請援の一環であること、この関係と背景とを、まずあたまにいれておく必要がある。

鄭芝龍の日本請援

鄭芝龍の日本・南海貿易については、かつてオランダ側の史料によって考説したことがある。正保二年＝弘光・隆武元年（一六四五）二月に、「一官（芝龍）はまた奉行

（長崎）に書翰を送り、その庇護を請うたが、その効空しからず、また商品を沢山市場に出すことを約して、これを果した」（『出島蘭館日誌』中巻）。おなじく十一月に、「支那人一官（芝龍）より、韃靼に対抗するため日本に援兵を請い、奉行権八殿（山崎権八郎）が長崎より江戸に通知したが、少しも効果がなかった」（『同書』下巻）。翌十二月には、名高い明の都督崔芝の参将林高が、上書二通をもたらし、師（軍勢）三千・堅甲（よろい）二百領を請うた。このことは、ただちに江戸に通報されたが、協議の結果は、翌正保三年＝隆武二年（一六四六）一月、拒絶ときまった。

崔芝の日本乞師

チンチエウ船入港

その二月に、鄭芝龍からのチンチエウ Chincheo（漳州か泉州か）船一隻が長崎に入港し、白ペリング・ギレム・パンシー・繻珍・緞子・キムトワン・麻布など、値二百五十貫目の貨物をもたらした。六月には、鄭芝龍の正使黄徴明、副使康永寧・陳元京・曽少吾らが、日本乞師のために福州を出船した。しかし、風波のため、曽少吾は、浙江に漂着して「韃人」にとらえられ、黄徴明も海上で「韃人」

正使黄徴明・副使康永寧（第一次）

黄徴蘭と陳必勝(第二次)

にとらえられた。八月には、かさねて芝龍の使者黄徴蘭・陳必勝らが、上書五通・呈書三通、および黄徴明の上書・呈書各一通と、礼物をたずさえて日本請援にきた。

徳川幕府の態度

長崎奉行は、ただちに江戸の老中にこれを注進。江戸城では、将軍家光を中心に、御三家もこれにくわわり、数日評議した。九月から十月にかけて、幕府はてんやわんやのさわぎであった。はじめは一応、請援使の帰国を命じておきながら、一方では、ひそかに大陸出兵の準備をととのえていた。(『華夷変態』巻一など)

大陸出兵計画を放棄す

ところが、唐王隆武帝を奉じていた「福州落居(らっきょ)(落陥)」の報により、ついに大陸出兵の計画を放棄せざるをえなかった。その背後には、いうまでもなく、鄭芝龍の清軍投降という事実がからみあっていた。

一官船

鄭成功は、父芝龍の「一官船」貿易のあとをうけついだ。そして、日本や呂宋(ルソン)・交趾(コウチ)・シャムなどの南海諸国とも貿易して、軍費をおぎなっていた。長崎へは、

国姓爺船と乞資

連年いわゆる「国姓爺船」が来航していたから、これらは「乞師」にたいして、「乞資」ともみられるものである。

福州城守の弟の日本請援

正保四年＝永暦元年（一六四七）四月、福州船三隻が長崎に入港して、請援使の来航を予告したが、それから三日後に、福州船一隻が来着した。鄭成功の請援使「福州城主の弟」と自称するものがきた。その態度はいかにも尊大で、かえって日本人から冷笑された。ついに一歩も上陸せず、砂糖を米八十俵、そのほか食料品と交換し、早々にひきあげた。この「使者」の正体は、つまびらかでない。

鄭成功の請援兵の一書

慶安元年＝永暦二年（一六四八）十月、鄭成功は「援兵を請う」の一書を、日本におくった。「いま艱難（かんなん）のとき、貴国われを憐み、数万の兵を仮（か）さば、感義限りなけん」と懇請（こんせい）した。

鄭彩の求通商船の一書

鄭氏一族の名を混同す

同時に、一門の鄭彩も「商船を通ぜんことを求む」の一書をおくってきた。ただし、このころは日本でも、鄭成功と鄭彩・鄭芝彪（しひょう）とを混同している例がある。右の両書は、ただちに長崎から江戸におくられたが、べつに返書のこともなかった。黙殺されたものとおもわれる。

馮澄世の献策

日本の鉛銅をえる

慶安四年＝永暦五年（一六五二）十二月、成功は参軍馮澄世の献策をいれ、日本の物産をえてこれを呂宋・交趾・シャムなどに販り、鄭軍の欠餉（兵糧不足）をおぎなおうとした。そして、日本の鉛・銅を手に入れ、銅熕（銅の大砲）・永暦銭・盔甲（かぶと）・器械などを鋳造した。「国姓爺船」貿易、いいかえれば「乞資」の具体的一例である。

朱成功献日本書をもたらす

万治元年＝永暦十二年（一六五八）六月、鄭成功の使船が長崎に入港、いわゆる「朱成功、日本に献ずる書」をもたらした。これには、表面に請援の文字はみえぬが、文意のうらに、日本の応援を待望していることが看取される。七月から九月にかけて、江戸でもいろいろ論議された。しかし、けっきょく、使者の礼物もうけず、そのかわり返書もあたえず帰国させた。一書に、この九月に成功がまた「援兵を本邦に請う」たとあるが、つまびらかでない。

未詳の日本乞師の一例

田川次郎左衛門の渡海の志

「別腹の弟」とあやまりつたえられた田川次郎左衛門（祖父七左衛門を襲名）は、兄成功が明室復興に力をつくしていることをきき、長崎から江戸へおもむき、渡海の志を幕府にうったえた。幕府もこれを承知して、成功のもとへ手紙をおくらせた。しかし、船主らはまえから成功の貨物を私していたので、その悪事が暴露されることをおそれ、その手紙を成功にとどけなかった。次郎左衛門は待てど暮せど、成功からの返事がこないので、ついにあきらめ、江戸から長崎にかえり、そこで歿した。

鄭道順のこと

これは後日ものがたりであるが、その子道順は鄭姓に復し、正徳のころ、長崎をひきあげて江戸にうつった。呉服町で医者となり、世をおわったという。田川氏母子の運命も、また数奇であったといわねばならぬ。

鄭泰の日本請援

この万治元年には、一門の鄭泰が、やはり日本に援兵を請うている。

張光啓の日本借兵

万治三年＝永暦十四年(一六六〇)七月、鄭成功は兵官張光啓を日本借兵におもむかせた。日本ではこれに応じなかったが、張光啓は銅熕(銅砲)・鹿銃・倭刀(日本刀)などをうけて、十一月にかえった。「乞師」には失敗したが、「乞資」には成功したわけ

6. 鄭成功贈帰化舜水書（板倉氏蔵板・林しづ氏蔵）

この板刷拓本の大きさ二七×四七センチ。本文十二行。左下隅に「甘雨亭重刻」とある。甘雨亭は、安中藩主板倉勝明（一八〇九―五七）の号。

一別万里、雲外常望東天、眷恋不
休。俯以忠孝之道、原於君寵父慈之徳。
剰森家世厚上帝鴻恩、森微身而其中生成
也。然則忠孝併単在奉君主無余矣。此以
森不肖荷光武重興之義、不得舎于寝食之
間。雖然力微勢疲、無奈狼狽。今欲遠憑
日本諸国侯仮多少兵。恭望
台下代森乞之諸国侯。便是与台下曽謀之処也。
台下今倣採薇客、而莫忘国恩懇懇。若
託諸庇得復運之勢、森之功皆出台下手
裏者也。黄泉朽骨、不敢空忘。俯賜
明鑑。至戦至慄。

右上

舜水同盟朱公大人床下

愚弟鄭森稽首

おわりの鄭森の姓名を中心に、よこがきの「成功」の印をおす。

である。

疑問の一書　鄭成功贈帰化舜水書について

なお、成功の日本乞師については、年月不詳の「鄭成功、帰化舜水に贈る書」がある。これは成功が、朱舜水に「日本諸国侯により多少の兵を仮らん」ことを依頼要望したものである（挿図6）。偽書のうたがいをもたれた問題の一書であるが、わたくしの考説した結果は、成功が舜水にこういう依頼をするのはありうべきこと、偽書としてまったく否定するのは現段階ではむつかしいこと、かりに偽書としても擬策文（仮題にたいする答案文）ではないかということ、また真書として年月を考定してみると、第四章でのべる南京敗戦以後、すなわち万治二年＝永暦十三年（一六五九）舟山にひきあげ、後図をくわだてながら養兵・徴餉（兵糧集め）にしたがい、ついに日本投化（帰化）を決意した前後のころであろうこと、などが推定された。

偽書か真書か

以上、鄭成功の日本乞師は、おおむね不成功におわったが、わが国では内心、応援したいきもちはあり、ひそかに多少の援兵・武器・兵糧などをおくった。

鄭経の日本請援

長岐王殿下書

寄銀の獲得

洪旭

鄭経が日本に婚を通じようとする

はなしは後のことになるが、成功の子経（錦舎）のときにも、日本請援はおこなわれた。寛文三年（一六六三）＝称永暦十七年（明はこの前年に滅びたが党与はなお旧年号を称した）、鄭経は蔡政をつかわして、「長岐王殿下書」をおくり、鄭泰の寄銀（あずけたかね）を請求した。あい前後して、鄭泰の弟鳴駿も、おなじ寄銀を請求した。その結果、鄭経は寄銀請求を放棄し、十三年後の延宝三年＝称永暦二十九年（一六七五）にいたり、鄭泰の孫奎舎と鳴駿の子按舎によって獲得された。中国側の史料には、鄭泰が寄銀七十一万中、二十六万を請けとったともしるされている。

寛文六年＝称永暦二十年（一六六六）七月には、洪旭が洋船・鳥船を興造し、白鹿皮などをもって日本に通じ、銅熕・倭刀・盔甲・永暦銭を製造し、シャム・交趾・東京などに販った（挿図7）。翌寛文七年＝称永暦二十一年（一六六七）六月、鄭経の配下とおもわれる福建の官商九十五人が、日本に商販しようとして済南に漂到した。またこのころ、鄭経が日本に援兵を請い、婚を通じようと願ったが、日本で許さな

7. 永暦通宝

桂王（永明王）永暦帝（一六四七―六一）のとき、長崎で永暦銭が鋳造された、というのはうたがわしい。おそらく、台湾で鋳造されたのであろう。三体あるが、大きい方は直径九分五厘、穴径二分五厘、小さい方は直径九分三厘、穴径二分。

かったともつたえられている。寛文十年＝称永暦二十四年（一六七〇）五月、漢商六十五人が香山島（こうざんとう）から長崎に商販にむかったが、済州に漂到した。

延宝二年＝称永暦二十八年（一六七四）三月、鄭経は兵都事（へいとじ）李徳を日本におもむかしめ、永暦銭・銅熕・腰刀（ようとう）・器械を鋳て、兵用に資した。

李徳

これまで、鄭成功の請援は、明末における日本乞師の一部として過小評価されてきた。「鉄人」(重武装兵)「倭銃隊」など、任意の応援は多少おこなわれたにせよ、せいぜい日明交渉史上の一挿話(そうわ)ていどであった。なるほど、請援使が期待した「もって唇歯(しんし)の誼(よしみ)(親密な関係)をつらね、もって君父の仇を報ずる」ような具体的な結果は、鎖国という徳川幕府の外交方針からは、でてくるはずはなかった。しかし、「元寇」以来、ようやく悪化してきた中国人の畏悪(いお)(おそれにくむ)的日本観を、ともかくも百八十度旋回させた。なかには「臣」と称し、辞をひくくし、礼をあつくして、日本に徹底したまごころをしめし、隣好的な日本観を再現したことは、とくに注目しなければならない。

鉄人・倭銃隊

日本乞師の意義

鄭成功の日本乞師は、明末清初における日本請援の中核であり、外国請援の一環としても、きわめて重要な役割をはたしていることは事実である。

日本乞師失敗の一因

いま日本乞師失敗の原因を、中国側にもとめるならば、根本的には、明室復興闘争の不統一と無秩序、それに「謀身不和」(利己主義で仲がわるい)「驕悍怨望」(おごりたけり不平をもつ)「争班対立」(党派をつくってあらそう)などの事実をあげることができよう。そして、この上にきずかれた「日本乞師」計画の不備、実行力の不徹底、あるいはその熱意の欠如などが指摘されるであろう。

四　南京攻略

征戦中の双璧

鄭成功の南京攻略は、第五章にのべる台湾解放とともに、その計画からいっても、その規模からいっても、生気にみちたかれの生涯をかけての、ことにはなやかな活舞台であった。成功が経験した大小幾多の征戦中、その双璧である。

南京攻略の意義

成功は南京の攻略を、いわゆる大陸反攻・中原回復の一目標とし、営々としてその準備に、これ日も足らぬ努力をつんでいた。南京は「国家の根本」であり、南京攻略こそは、かれがそれ以前にくりかえした江（江蘇）・浙（浙江）・閩（福建）・粤（広東）の沿海地方における、連年にわたった経略の総決算であった。それはまた、福王弘光帝を南京に擁立して失敗したのを、一挙に回復するいみもあった。したがって、鄭成功個人としても、またすでに弘光帝・隆武帝なきあと、唯一の永明王永暦帝を中心とする南明復興闘争の立場からいっても、まさに乾坤一擲、その運命をこの一戦にかけた、大陸反攻なるか否かの関ヶ原戦であった。

鄭成功延平郡王に封ぜらる

永暦帝が兵部万年英をつかわして、鄭成功を延平郡王に封じたのは承応二年＝永暦七年（一六五三）、三十歳のときであった。臣として「王」に封ぜられることは、最高・最大の恩遇であり、栄誉である。このとき、成功の手足となっていた部将もそれぞれ晋封（すすめ封ずる）され、王秀奇は慶都伯、馬信は建威伯、甘輝は崇明伯、黄廷は永安伯、万礼は建安伯、郝文興は祥符伯となった。厦門の中左所を思明州とあらためたのは、二年後の明暦元年＝永暦九年（一六五五）三月で、成功の胸には、ますます思明の衷情がわきあがっていた（挿図8）。その翌四月、永暦帝は、さらに勦撫伯周金湯・太監劉国柱をつかわして、成功を潮王に晋封した。三十二歳のときである。鄭成功といえば、すぐ延平王を想起するが、右の事実からすれば、延平王より潮王の方が上位であることを指摘しておきたい。

部将たちの封爵

思明州

鄭成功を潮王に晋封す

鄭成功は、厦門の中左所を思明州とあらため、「抗清復明」の決意をかたくした。『明清闘記』は、川口長孺の『台湾鄭氏紀事』にも引用されている。全十冊のうち、第一冊に絵図のついている特版があるが、その中からとった。

8 『明清闘記』表紙（鮎沢信太郎氏蔵）

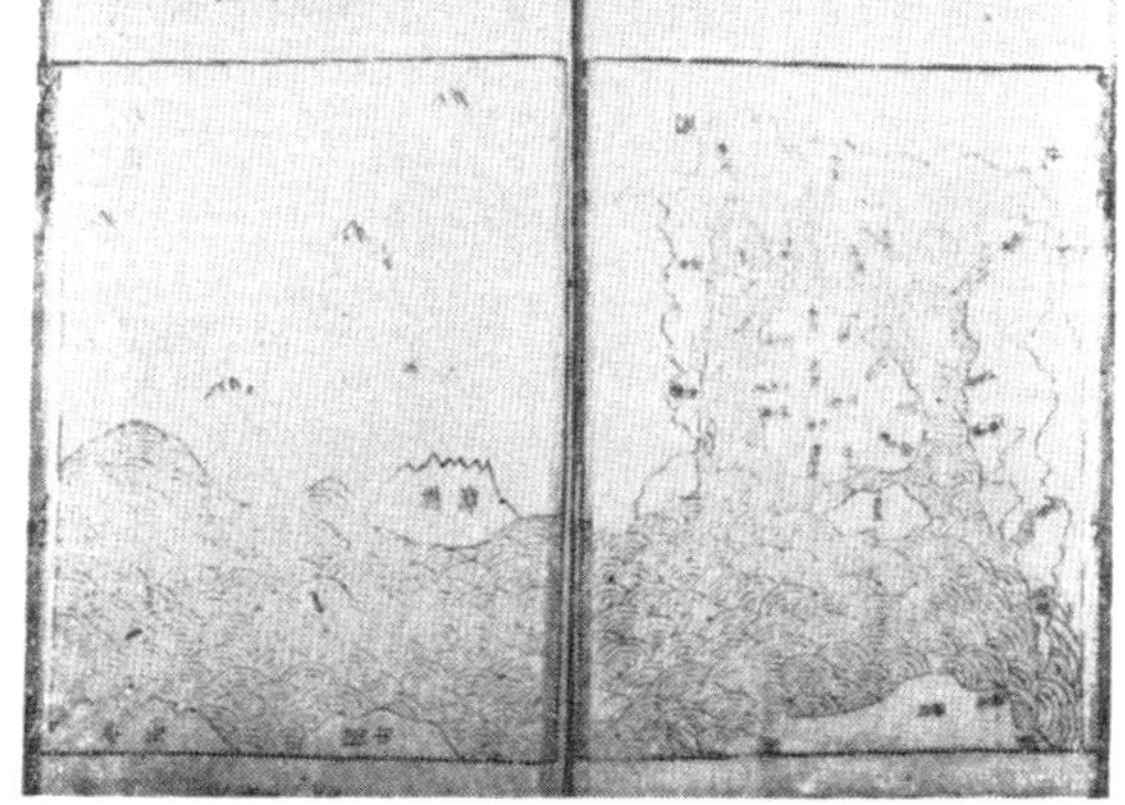

9. 中左所（『明清闘記』所載）

清朝の鄭成功懐柔策

こうして、華南における成功の地歩が、ようやくかたまってくると、清朝も、そう簡単にはこれを粉砕することはできない。そこで、父の芝龍を通じて、硬軟両様の懐柔策が、くりかえしくりかえしこころみられた。いわゆる「和議」である。その条件にしても、あるいは成功を海澄公に封じ、泉州（晋江）地方をあたえるとか、あるいは興・泉・漳・潮の四府をまし、沿岸の指揮警察も、税課の管理収納もまかせるとか、いろいろ好餌をもってさそった。しかし成功は、好条件をもって「和議」をすすめられ、ついそれによろめいて投降した結果が、いかに相手の思うつぼにはまって、そのときになってほぞをかむも、すでに及ばない前例をしっていた。清朝のいかなる「和議」「招撫」にも応じない断固たる決意は、けっきょく、南京攻略の一大決戦に突入せざるをえなかったのである。

それに、もうひとつの原因がある。東南半壁（小さなところ）に根拠をかまえる鄭成功と気脈を通じ、おなじく「抗清復明」のたたかいをすすめていたのが、西南一帯に

李定国の抗清復明

勢力をはる李定国であった。李定国は、農民蜂起のなかからそだった将領である。永暦帝も、かれのもとに身をよせていた。明暦三年=永暦十一年(一六五七)、李定国が雲南に退くと、清軍は三路にわかれて雲南攻撃をはじめた。もし李定国が敗れると、鄭成功はいよいよ南隅に孤立することとなる。雲南攻撃の清軍を牽制するのは、いまが絶好のチャンスである。李定国軍も鄭成功の南京攻撃によって、また反撃・挽回、さらに両軍の提携呼応によって、中原回復の一大勝機をつかむことができる。

北伐鄭軍の偉容

北征の機は熟した。万治元年=永暦十二年(一六五八)、厦門島に出船の準備を完了した鄭軍の偉容は、堂々として南の海を圧した。十万五千の精鋭は、大小三百余の艦船に分乗した。首程(第一軍)は中提督の崇明伯甘輝、第二程は右提督の建威伯馬信、第三程は後提督の建安伯万礼、合後(後尾の軍)第四程は招討大将軍の延平王鄭成功であ

思明州発船

った。厦門の留守をうけたまわるのは、前提督の黄廷、兵官の洪旭、戸官の鄭泰らである。まなじりを決して、はるかに南京の空をのぞみ、その名もゆかしい思明州をあとに、おりしも風浪の高い東シナ海にのりだしたのが、その年の五月であった。成功、三十五歳のときである。

羊山の覆没

成功の三子が死ぬ

六月には、福建から浙江へ北上し、平陽・瑞安をあいついで攻略した。しかし、温州（永嘉）の攻囲は、ときに風雨はげしく、落雷して死傷者をだすような惨事もてつだって、不成功だった。七月には、舟山で好風をまつかたがた練兵し、八月に羊山（洋山）におもむいた。ところが、にわかに猛烈な暴風雨におそわれ、またたくまに巨艦・大船数十百隻が沈没したり、難破したりした。そして成功の妃嬪六人と、男子三人をはじめ、数千人の精兵が海底のもくずと消えた。成功には男子十人あり、その名を経・聡・明・睿・智・寛・裕・温・柔・発といった。わたくしの考えでは、諸書符合しないが、このとき死んだのは明・睿・発の三人であったと思う。これはまさしく、成功の北伐敢行のではなをくじかれた、鄭軍にとっての一大痛撃であった。

覆没の原因

羊山覆没の原因を、諸書は筆をそろえて、羊山を羊と関係あるものとし、近くに海龍が住んでいて、泊船のとき、あるいはお祭りをしなかったり、あるいは銃砲をうちドラをならしたり、あるいはまた羊を殺したりするようなさわぎをおこすと、海が荒れるという伝説をひいている。いうなれば、「放砲驚龍説」ないし「殺羊湧濤説」である。ところが、成功はこれを「里巷の言」「妖氛」として退けた。この一事は、成功の思想構造をしるうえにも、注目されてよい。この暴風雨は、むろん「神風」でもない。江浙の沿海地方は、夏から秋にかけて台風と津浪とが、むかしから名物であった。

放砲驚龍説と殺羊湧濤説

覆没の真因

北征の一頓挫

いずれにしても、これは鄭軍北征途上の一頓挫であった。舟山にひきかえして、艦船や兵器の修理・手入れをした。一方、覆没の損傷をおぎなうため、浙江の台州

（臨海）や温州（永嘉）をおそうて、船舶をうばい、兵粮をかすめた。九月に、象山におもむくと、知県（知事）はいのししや酒をおくって鄭軍を歓迎し、ただちに投降した。

鄭軍の動揺

劉進忠が叛去する

しかし、このころから、あるいはさきの風浪をおそれてか、あるいは鄭軍の前途に不安をかんじてか、将兵のうち逃亡したり、叛去（叛離）したりするものが、ぼつぼつあらわれだした。十月に入って、後衝鎮の劉進忠が、その叛去第一号であった。しかし、猛将のきこえたかい右武衛周全斌のために、たちまち敗れ去った。

鄭軍の軍規

十一月には、磐石衛を攻めて「擒殺無数」という大勝を博した。元来、鄭軍の軍規はきびしく、とくに姦淫・虜掠（人畜をうばう）・焚毀（やきこわす）・仮冒（名をかたる）・混槍・宰殺（家畜をころす）などは厳禁である。ところが、このときはじめて、婦女を虜掠するものがでた。鄭軍内に、かなりの動揺がおこっていた証拠とみられる。しかし、この磐石衛攻略は、羊山覆没後の善後処置が、一段落をつげたものであった。成功は提督らを、浙江沿岸の台州・温州・瑞安・平陽などにそれぞれ派遣した。「養兵派餉(糧食調達)・造船製器」のためである。

捲土重来を期す

捲土重来を期す成功は、はやるこころをおさえながら、翌年三月まで隠忍自重していた。

磐石衛に集結する

万治二年＝永暦十三年(一六五九)三月、各提督・統領・統鎮の艦船は、成功の指令どおり、磐石衛に集結した。ふたたび堂々たる鄭軍の偉容をあらわした。天候がおもわしくないので、しばらく待機していたが、四月には、成功みずから首程の舟師(海軍)をひっさげて、定関城(浙江鎮海)を攻略した。余勢をかって、「江を横ぎって限となす」ところの

滾江龍

滾江龍を斬断(たちきる)して寧波へ突入、その船隻をやきはらった。舟山におもむいたのは五月、こんどは羊山へもつつがなく到着。つずいて「江南の門戸」崇明から呉淞へ、いよいよ待望の長江(揚子江)進撃である。

長江へ進撃する

六月に江陰を攻めたが、清将が堅守して、よういに落城しない。あまりてまど

瓜州攻略戦

るので、引きあげて長江をさかのぼった。瓜州と鎮江とは、「京都（南京）の門戸」である。焦山からすすんで譚家州の大砲をうばいとり、遡航をさまたげる「滾江龍」を斬断し、「満州木浮営」を焚奪し、まず瓜州を攻略した。敵将を、あるいは生捕りにし、あるいは斬った。鄭軍にとっては、厦門進発以来の神速果敢な一大快戦であった。一説に、焦山に舟を泊したとき、峴山（峴石山）にのぼった成功が、

満州木浮営

鄭成功が詩を賦す

　黄葉古祠の裏
秋風寒殿開く
沈沈松柏老い
瞑瞑鳥飛廻す
碑帖空しく地に埋もれ
社階尽く苔を雑う
此の地人到ること少なく

塵世転た哀しみに堪ゆ

張煌言が先発隊となる

という詩を作ったともいわれている。このとき、張煌言(一六二〇—六四)は、南京牽制の目的をおび、先発隊として長駆蕪湖をつくため、成功とたもとを別った。

鎮江攻略戦

神兵

天兵

鎮江の攻略も、また瓜州戦をうわまわる一大激戦であった。銀山山下の白兵戦に、右武衛周全斌は、部下に決死の覚悟をうながすため、陣地のうしろに長い縄をはって督戦した。鄭軍自慢の「鉄人」は、斬人・斬馬の本領を発揮し、その武者ぶりは「神兵」と称せられた。不敗をほこった清の猛将軍管効忠さえ、「わたしは満州から中国に入って十七回戦ったが、こんな敗けかたははじめてだ」と長歎息した。「江南の門戸」であり、「南北の咽喉」とよばれた瓜州・鎮江を攻略した成功は、鎮江城において、九程(九軍)からなる鄭軍の精鋭を閲兵した。その偉容は、「天兵」とたたえられた。

さきに、不覚な羊山の覆没により一時つまずいた成功も、瓜州・鎮江の決定的

張煌言の江南・江北経略

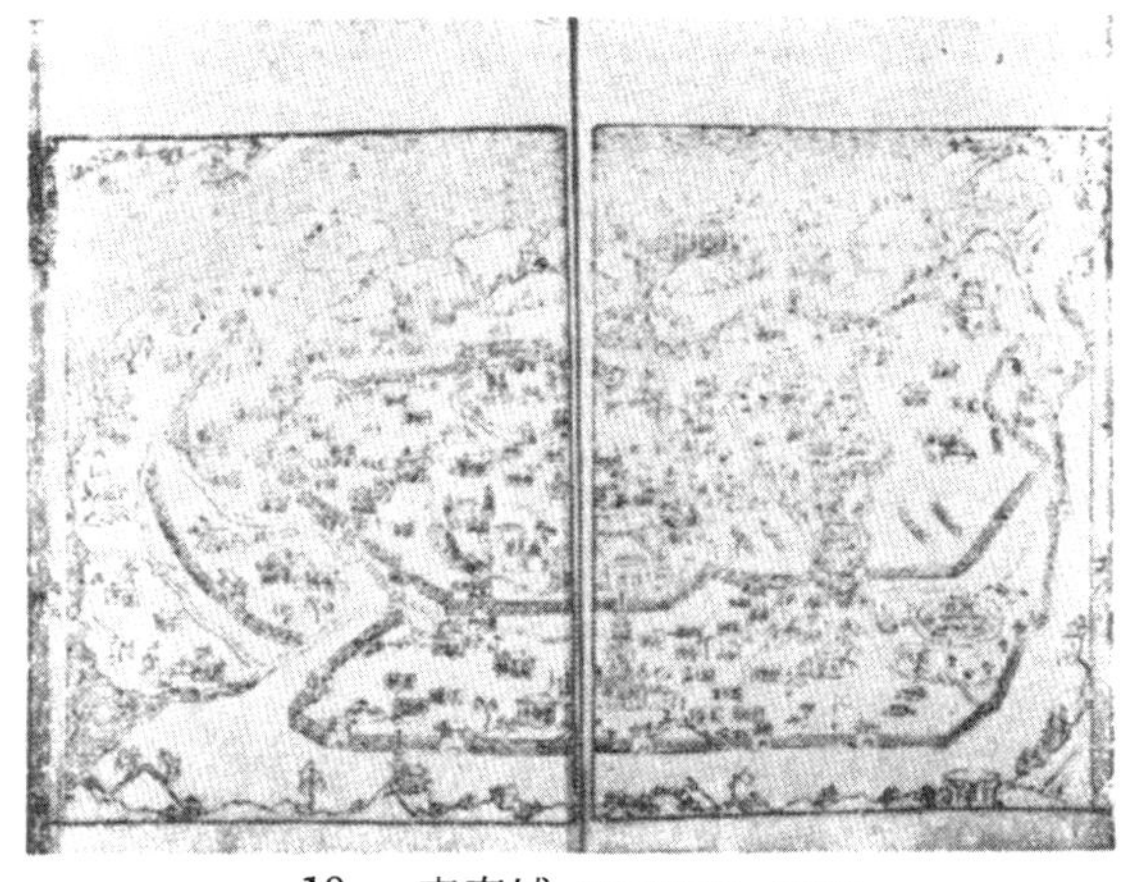

10. 南京城（『明清闘記』所載）

鄭成功の南京攻略は，いわゆる「大陸反攻」の関ヶ原戦であった。図版 9 とおなじく『明清闘記』の第一冊（絵図入り）からとった。

殲滅戦により、大いに自信をとりもどし、かつこれを深めた。待望の南京は、もはや指呼の間にある。懸軍（遠征）まさに幾百千里、一年有余の苦難もようやくむくいられて、こころはすでに南京城へとはやりにはやり、全軍の意気は、まさに天を衝いた（挿図10）。しかも、さきに張煌言を蕪湖へ進発させた成功の作戦は、みごと効を奏し、六月から七月にかけて、江南・江北所

鄭軍すでに南京をのむ

在の四府・三州・二十四県は、あいついで来降した。成功の得意、まさに思いみるべし。鄭軍は、すでに南京を呑むの概があった。

鄭成功の詩

このときの成功の作とおもわれる詩に、「師を出だして満夷を討ち、瓜州より金陵（南京）に至る」と題して、

縞素（白服）江に臨み、誓って胡を滅ぼさん
雄師十万、気、呉（呉、すなわち江蘇地方）を呑む
試みに看よ、天塹（天然の堀、揚子江をさす）鞭を投じて渡らば
信ぜず中原姓朱とならざるを

南京を攻囲す

とうたっている。こうして、七月には成功は、南京の北、十六外郭門のひとつである観音門に進泊した。南京攻囲の陣形は、まったく完備した。もはや、たれの目にも、南京陥落は日時の問題とみえた。

しかし、失敗は、往々こうした安心と油断のすきまからしのびよるものである。

鄭軍の弱点

鄭軍は、連戦連勝に酔ってようやく驕り、敵を軽んじ、したがって軍律にもゆる

みがうまれてきた。そのうえ、成功に怨みをふくむものが内応し、南京を守っていた「漢奸」（中国人の売国奴）の偽りの投降を信じて、清軍の奇襲反撃をうけた。ホッとして気のゆるんだときのこうした一撃は、全軍に異常なショックをあたえるものである。退いて観音山にむかえうとうとしたが、かえって惨敗し、全軍ほとんど潰滅にちかかった。まさに九仞の功を一簣にかいたのである。

清軍の奇襲反撃

南京攻略の夢は、長江のうたかたと消えて、全軍は血涙をのんだ。敗残の将兵は、水陸から鎮江へたどりついた。

鄭軍が鎮江へ敗走する

この敗戦では、股肱とたのむ中提督の甘輝、後提督の万礼をはじめ、多くの勇将・猛卒をうしなった。成功にとっては、致命傷にちかかった。しかし、「勝敗は常時、またなんぞ慮えん」と、全軍をはげまし、ただちに、戦歿将士にかわる鄭軍の改編を断行した。いったん手中におさめた瓜州・鎮江までも放棄して、長江を下らなければならなかった成功の長恨は、けだし想像にあまりある。

鄭軍を改編する

崇明島攻略

八月、狼山から呉淞、さらに崇明におもむいた。「長江の咽喉」崇明島の攻略は、成功にとっては、せめて北伐敢行のただひとつ、最後の成果として、なんとか確保しておきたかったであろう。得意の布陣で、総攻撃を強行した。しかし、清将は堅守して出でず、また鄭軍にも戦意すでにとぼしく、はやく厦門にかえって再起をはかる方がよい、という意見もあらわれはじめたので、攻撃を中止して下船した。

清朝が「国姓もまた陣中に没す」と宣伝す

ここで注目されることは、このとき清廷では、鄭氏軍民の心理的混乱と分裂をねらって、ことさらに「水陸の全軍覆没し、国姓（成功）もまた陣中に没せり」と、宣伝させたことである。このことは、朝鮮にもつたえられたとみえ、李朝の告訃使（死を報ずる使者）が顕宗に、鄭成功の南京攻略を上奏したとき「国姓、乱軍中に死す」といい、また「姓名を改めて郭信となし、その全部陥没するに及び、身を脱

鄭成功が鄭信と改名す

して走り、生死を知らず」ともいっている。成功が「郭信」と改名したという朝鮮の伝聞は、かつてわたくしの紹介したものであるが、郭信 Kuo hsin は、国姓 Kuohsing の近音異字であろう。

さて、崇明から兵を収めて下船した鄭軍は、浙江の林門におもむいた。そして、一師を舟山にやって防禦・鎮守にあたらせるとともに、各師を浙江・福建の沿海各地方に分派して、休養ならびに徴餉（兵糧補給）・練兵にあたらせた。こうして九月には、一年五ヵ月ぶりで、厦門の思明州に帰船した。

思明州にかえる

思えば、鄭成功の南京攻略は、槿花一朝の夢であった。大陸反攻は、完全に失敗したのである。しかし、もし南京攻略が、一時的にしても成功していたとすれば、かの張煌言の江南・江北経略とあい呼応し、また李定国の反撃も効を奏し、南明の復興闘争は、江南・江北の天地に、意外の進展をとげたかもしれない。

鄭軍の敗因

鄭軍の敗因については、ひとり鄭軍側だけでなく、清軍側の軍事・経済・思想など、いろいろの条件を比較検討しなければならない。近因については、まえにのべたように、羊山の覆没あり、また敵を軽んじて心おごり、加うるに内応・裏切りなどの事情もあるにはあった。しかし、成功が孤軍懸絶（遠く隔たる）、十万の大軍をひっさげて北伐を敢行するには、はじめから、経済的に不安のあったことも事実である。そのため、あるいは日時のかかることを気にしてむりな急戦をしたり、あるいは途中において徹底した攻略を中絶、または放棄して功をあせったりした。そのため、ひいて作戦がくいちがい、多くのつまずきもおきた。これらが、おたがいに因果関係をなし、士気におよぼした悪影響なども、みのがすことができない。

五　台湾解放

流求・鶏籠・北港・東蕃

台湾は、むかし流求（りゅうきゅう）といったこともあったが、鶏籠（けいろう）・北港・東蕃ともよばれ、また日本では高砂（たかさご）とか、高山国（こうざんこく）とか称していた。いわゆる西力東漸（とうぜん）の結果、アジアの各地は、ヨーロッパ植民地獲得の対象となり、台湾もその一目標となっていた。のちのことであるが、フランス人は、台湾と海南島とをあわせて、「東洋の地中海における二つの目」とよんで重視した。

台湾と海南島

台員・大寃

フォルモサ

台湾の名は、ポルトガル人が蕃族名にもとづいて、タイヴァン Taiwan とよんだのにはじまるらしい。台員・大寃（たいえん）などは、この音をうつしたものであろう。フォルモサ Formosa の名は、「美しい島」のいみである。

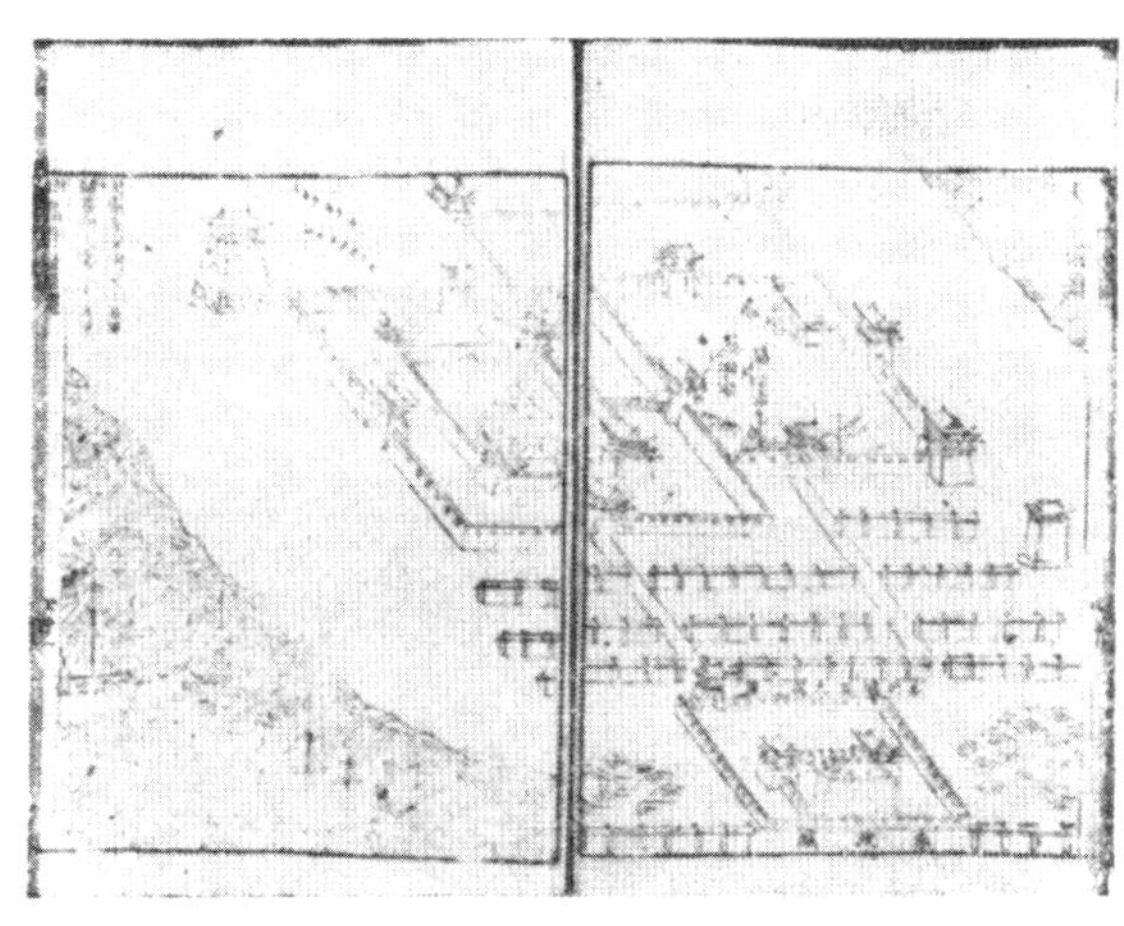

11. 台湾城(『明清闘記』所載)

下方に赤嵌城もみえる。オランダ側につたえられるゼーランジャ城(挿図15)や、鄭成功収復赤嵌図(挿図13)などとも比較されたい。これも、挿図9・10とおなじく、『明清闘記』の第一冊(絵図入り)からとった。

オランダ人が台湾を占領し、ゼーランジャ Zeelandia(台湾城)の築城に着手したのは、たまたま鄭成功が平戸で、福松として誕生した年であった(挿図11)。

それから、春風秋雨三十四年、台湾長官コイエット Coyett(顎易度)は、通訳の何斌(かひん)を鄭成功のもとにつかわして、

何斌（ピンクワ）

通商をもとめてきた。コイエットは、中国でいう揆一王、日本では帰一ともしるしている。また何斌は、何廷斌ともかかれているが、オランダ人のいうピンクワPinguaで、西洋風に名をまえ、姓をあとにした表現である。ときに、わが明暦三年＝永暦十一年(一六五七)、成功は三十四歳、南京攻略に出発する前年であった。

郭懐一の反抗

これよりさき、承応二年＝永暦六年(一六五二)に、オランダ人の圧政に反抗してたちあがった台湾人民の指導者郭懐一（オランダ人のいうファイエット）は、けっきょく、オランダ側の強烈な弾圧によって抹殺された。しかし、その結果は、台湾人民のオランダにたいするレジスタンスが、低姿勢でむしろ強化された。

オランダ人駆逐の望み

さて、このたび鄭成功としたしく会見し、いろいろ折衝した何斌は、成功の人物にほれこみ、こころから敬愛の念をいだくようになったらしい。そして、ひそかにオランダ人駆逐の望みを、成功によせた。しかし、そのときの成功の心境は、南京攻略を明・清の関ヶ原戦として、万端の準備に忙殺されていたから、台湾をかえりみる余裕はなかった。

何斌の再来

ところが、南京攻略の失敗は、成功の明室復興闘争の戦略・戦術を、一応、白紙にもどして再考・再出発する契機をなした。たまたま万治二年＝永暦十三年（一六五九）、厦門に敗残再起の身をよこたえていた成功のもとへ、ふたたび何斌が交渉におとずれた。かれはこのとき、成功に台湾の地図を献上した。そして、島民にたいするオランダ人の圧政をものがたり、また台湾の資源や財富についてもくわしくのべ、台湾解放のため、成功の決意と奮起をうながした。

台湾は覇王の地

「台湾は沃野千里で、覇王の地である。全島が大海に横絶（四周を海で隔てられている）しているから、外国との交通も自由である。十年生聚（民力を蓄積する）して十年教養すれば、国を富ませ、兵を強くし、進攻するにも、退守するにも、真に中国と対抗するに足るであろう」と（挿図12）。

このさい、新局面を打開し、新構想を展開するのに、懸絶の孤勢である金門・厦門両島ぐらいを根拠地とし、姑息な手段でひそまっていては、とうてい怒濤のよ

12.　台湾古地図（台南歴史館蔵）

康熙 61 年＝享保 7 年(1722)，巡台御史黄叔敬が台湾を巡察してつくった。現存の台湾地図のうち，最古の貴重なもの。

うな清の大軍に抗すべくもない。一歩また一歩、後退また後退のジリ貧である。

一方、清朝の対策は、ようやく長期決戦の態勢へもちこまれた。この年、沿海の五省——山東・江蘇・浙江・福建・広東にたいする、いわゆる「遷界令」が実施された。すなわち、五省の人民を三十華里（一華里は日本の六町）内地にひきいれて「堅壁清野」となし、鄭氏と関係をたたせて孤立におとしいれようというのである。いわば、大陸封鎖令である。オランダ側の史料によると、万治三年＝永暦十四年（一六六〇）のころは、大陸の敗兵で台湾に遁入したものが、すでに二万五千人にも達した、といわれている。

台湾は鄭氏第二の基地

成功としては、いまこそ台湾攻略のチャンスであった。かれは、台湾を第二の基地として「抗清復明（こうシンふくミン）」、大陸反攻の長期計画をたてることに決心した。

台湾攻略にむかう

寛文元年＝永暦十五年（一六六一）、台湾攻略の火ぶたは切っておとされた。成功は、長子の経（けい）を厦門（アモイ）にのこして、留守をまもらせた。そして三月には、まず金門に兵をすすめ、四月には、二万五千の精鋭をのせた大船隊をひきいて、台湾海峡をおしわたった。

鄭軍将兵の士気

まえの北伐のときとくらべてみると、この南征はなんといっても、将兵の意気はあがらなかった。北伐のときも、羊山の覆没のような猛烈な台風の洗礼をうけて一頓挫（とんざ）したが、南征にさいしても、渡海の前面に、やはり暴風や濃霧や豪雨などが、まちかまえた。かならずしも、「天の時」をえたわけではなかった。

台湾攻略に反対の意見

プロビンシャ Provincia 砦・ゼーランジャ Zeelandia 砦などは、オランダ人が何年もかかり、はるばるジャワのバタビア（いまのジャカルタ）から煉瓦をはこんできて築造した要塞であった。鄭軍将兵のうちにも、呉豪や黄廷のように、未知の天地へ移動疎開することの不安と不利をとき、台湾攻略を中止するよう建言するものもあった。しかし、成功の決心をひるがえすことはできなかった。

ゼーランジャ・プロビンシャ両城と鹿耳門

いまの安平には、まえにのべたゼーランジャ（台湾）城があり、その湾内には、プロビンシャ（赤嵌）城とラクエモス・カナル（鹿耳門）があった。鹿耳門は、航海の危険区域で、とおく浅瀬がつらなり、大船はとうてい入港できない。オランダ側は、むしろこれを天然の要害として、両城を中心に守備をかためていた。成功は、何斌を水先案内とし、深さ一丈余の大満潮時をみはからって、一夜のうちに一挙に船隊をのりいれた。そして、まずプロビンシャ城を急襲した（挿図13）。虚

13. 鄭成功収復台湾赤嵌図（羅銘・陸鴻年・黄均・張仃画）

赤嵌は，オランダ人のいうプロビンシャ城。呉紫金・洪卜仁著『鄭成功収復台湾記』所収のものから転載した。

をつかれたオランダ軍は、「天兵」といっておそれた。鄭軍の精鋭は、さきの南京攻略のさいも、「神兵」「天兵」として清軍の心胆をさむからしめたが、中国史上、最初の台湾解放の第一歩は、じつに鄭軍の「天兵」によって実現された。

しかし、オランダ軍の抵抗も、またかなりつよかった。なにしろ、四十年にわたり、営々として植民政策をつづけてきた東アジアの一根拠地である。そうやすやすと、

プロビンシャ城降る

いわゆる蘭人降伏の図

14. いわゆる「蘭人降伏の図」

（コイエット『閑却されたる台湾』所収）

最終的なオランダ人降伏の図ではなく，それ以前の談判の図である。その証拠には，右上方にゼーランジャ城がみえている。天蓋のなかは鄭成功，その前方に腰をかがめているのが，オランダ軍使者。

鄭軍に降るはずはなかった。長官コイエットは全軍を指揮し、鄭軍の猛将陳沢（ちんたく）の兵とも激突した。

しかし、ついにプロビンシャも落城した。世につたわるいわゆる「蘭人降伏の図」とは、じつは、このプロビンシャ開城にかんする談判の実状をえがいたものである。オランダ人が降伏したときの図ではない。この図には、海をへだててはるかにゼーランジャ城がみえる。降伏の図ならば、当然、ゼー

15.　ゼーランジャ城（コイエット『閑却されたる台湾』所収）
ゼーランジャ築城の煉瓦は，はるばるバタビアから運ばれたという。オランダ人がこの築城に着手したのが，ちょうど鄭成功が平戸で生まれた寛永元年=天啓4年（1624）にあたる。

ランジャ城そのものが背景でなければならぬ（挿図14）。

こうして、オランダの守将は、ことごとく捕虜となった。このうちには、のち惨殺されたり、婦女では妾となったりしたものもあった。のこるゼーランジャ城にたてこもったコイエットは、成功の即時投降の勧告にも耳をかさず、真紅の戦旗をかかげて決戦の意をしめした。やがて、城は鄭

ゼーランジャ城を攻撃する

軍に包囲され、まったく孤立無援にみえた。三十八門の砲列は、一斉（いっせい）に城にむかって火をはいた（挿図15）。

バタビヤから救援部隊がくる

しかし、コイエットはなお頼むところがあった。それは、この危急を、これよりさきバタビアの本拠に通報していたからである。果せるかな、やがてバタビアから派遣された救援部隊がやってきた。艦船十隻、七百人の将兵である。成功はその上陸をゆるし、すすんでこれを海上・陸上にむかえうった。暴風がおこった。オランダ増援艦隊は大敗して、のがれ去った。この海戦が、鄭軍とオランダ軍との勝敗のわかれみちであった。

清軍からゼーランジャ救援の申込み

このとき、福州に進駐（しんちゅう）していた清軍から、ゼーランジャ救援の申込みがあった。しかし、この任務をひきうけたオランダ隊長が脱走して、これも失敗におわった。

ゼーランジャ城は、名実ともに孤立無援、籠城（ろうじょう）の態勢となった。鄭軍は、得意の長壁（ちょうへき）をきずいたり、長梯子（ながばしご）をかけたり、濠（ごう）をとびこえたり、城壁をよじのぼっ

16. 鄭荷(オランダ)講和条約原文

(台湾省文献委員会蔵)

1661年(永暦15年)1月,オランダ軍が鄭成功に降ったときの条約文。みんなで9枚ある。これはその中の1枚。

たり、いずれも勇猛果敢に攻撃を開始した。白兵戦が展開された。こうした攻城の戦略、戦術は、さきの北伐のさいにも、各地ですでに実験ずみである。糧道（りょうどう）と水道と、二つながらたたれている城内のオランダ軍は、まったく袋の中のねずみであった。そして、ようやく鄭軍に内通する臆病者もあらわれだした。長官コイエ

ゼーランジャ開城

ットも、ついに白旗をかかげて、成功の軍門に降らざるをえなかった。わが寛文元年＝永暦十五年（一六六二）十二月のことである（挿図16）。

コイエット敗走

コイエットは、台湾を去るに必要な、最少限度の食糧・弾薬、そのほかの物資の保留を乞うた。成功はこれをゆるし、コイエットは敗残の部隊をまとめて、台湾をのがれ去った。九ヵ月の籠城中、オランダ軍の戦病死は千六百人。城内の四十七万一千五百フロリン（オランダの貨幣）相当価のものは、成功にひきわたされた。成功、三十八歳のときである。

その後のコイエット

コイエットは翌年、バタビアで死刑の宣告をうけたが、のち終身禁錮（きんこ）となった。

そして、十二年後に二万五千グルデンの保釈金で、本国に送還された。C・E・Sという匿名で、この間の事情をしるしたのが、なだかい『閑却されたる台湾』（付録の参考文献参照）である。

台湾解放

こうして、鄭成功の台湾攻略は成った。しかし、これは台湾解放の第一歩にすぎなかった。これまでは、いわば前座であり、これからが本番である。

台湾経営の三つの問題点

成功のあたまには、台湾経営をめぐる三つの問題が去来していた。一つは、漢族と台湾原住民の高山族とを、どのように調和させ、どのように協力させるか。

民族政策

これは、民族政策の問題である。二つは、農地をどのように開拓し、労働と生産の関係を、どのように軌道にのせるか。

土地制度

これは土地制度の問題である。三つは、綱紀の伸張、ことに新天地における吏道の刷新を、どのようにすすめるか。

官僚組織

これは、官僚組織の問題である。

安平
承天府
東都
天興・万年県

この三つにたいして、成功の努力は、それぞれ一応の成果をあげた。成功はみずから部将をしたがえて、したしく各地の蕃社を巡視し、いわゆる土蕃との意志疎通をはかった。また、屯田の制をおこない、「兵を農に寓し」た。ゼーランジャ城を安平鎮、プロビンシャ城を承天府、台湾を東都とそれぞれ改めた。また、あらたに二県を設けた。北路一帯が天興県、南路一帯が万年県である。安平は福建泉州の安平鎮、承天府は南京応天府・北京順天府にちなんだ命名であろう。東都・天興・万年の名も、それぞれ新興の鋭気にあふれている。

台湾開創の布石は、ようやくととのえられた。成功の主眼は、つねに「大信・大義を天下に示伸する」ことにあったから、この新天地において、とくに私腹をこやすような部将や官吏にたいしては、厳罰をもってのぞんだ。戦功のあった楊朝棟が、兵粮の横流しをしたときも、みずからその実情をとりしらべ、ついに死刑に処した。軍紀粛正・吏道刷新のためには、断固として厳励な処置をもって

鄭成功復台—東都の詩

のぞんだ。成功の「復台（ふくたい）——東都」と題する詩には、

　荊榛（けいしん）を開闢（かいびゃく）して荷夷（かい）（オランダ人）を逐（お）い、
　十年始めて先基（せんき）を克服す。
　田横（でんおう）なお有り三千の客、
　茹苦（じょく）間関（かんかん）、離るるに忍びず。

とうたっている。田横（—前二〇二）は、秦末漢初の人、斉王（せいおう）となったが、漢王劉邦（りゅうほう）の誅（ちゅう）をおそれて、その客五百人と海島にのがれた故事（こじ）をさす。

抗清復明と大陸反攻 呂宋招諭の南進策

　鄭成功の、このような台湾における内政整備をつらぬくものは、やはり「抗清復明」と大陸反攻という目標であった。そして、そのもう一つ、外部にたいする強化政策が、呂宋（ルソン）Luzon 招諭（しょうゆ）（帰順をすすめる）の南進策であった。もし台湾とフィリピンを打って一丸とすれば、これはもはや南海の厳たる一雄国（ゆうこく）であろう。成功は、台湾解放の席のあたたまるひまもなく、呂宋招諭のことを真剣にかんがえていた。

ビトリオ＝リッチ

鄭成功の病死

そして、寛文二年＝永暦十六年（一六六二）の春、イタリアの宣教師ビトリオ＝リッチ Vittorio Ricci（李科羅）を使者としてつかわした。しかし、呂宋征討の準備中、その実現をみぬうちに、成功は同年五月八日（陽六月二十三日）、台湾で急死した。熱病でたおれたらしいが、激昂のすえ、多少精神に異常を呈したともみられ、また医学上からみた新しい研究では、急性肺炎ではなかったかともいわれる。まだ三十九歳のはたらきざかりであった。

鄭経・鄭克塽の呂宋招諭

台湾鄭氏の末路

呂宋招諭のことは、成功の子の経（錦）、孫の克塽の三代にわたって、ひきつづきこころみられた。しかし、これは最後まで成功しなかった。明室復興闘争の基地として、台湾と呂宋をつらねるという、その着想はすばらしかった。しかし、これを実現するには、すでに清朝の力があまりにも強大になっていた。呉三桂らの三藩の乱の鎮定を契機として、これと気脈を通じていた台湾の鄭氏も、またあげて清朝に降った。

六　国姓爺論

近出の史料

鄭成功には、みずからの著作がない。かれの戸官（経理担当の官）楊英のかいた『従征実録』（挿図17）や、『清代官書記明台湾鄭氏亡事』（『平定海寇方略』）・『明清史料』などは近出の根本史料として、とくに重要である。『鄭延平王三世実録』は未刊の手抄本で、わたくしも未見だが、目録をみると、百四十二種の重要史料のようである。『延平二王遺集』には、鄭成功の詩八首がみえるが、このほか成功の詩といわれるものは、川口長孺の『台湾鄭氏紀事』に引用されている二首くらいである。

鄭成功の詩について

その一首は、第四章南京攻略のところで引用した「黄葉古祠裏」云々であり、もう一首は

礼楽衣冠の第、

鄭成功の真蹟

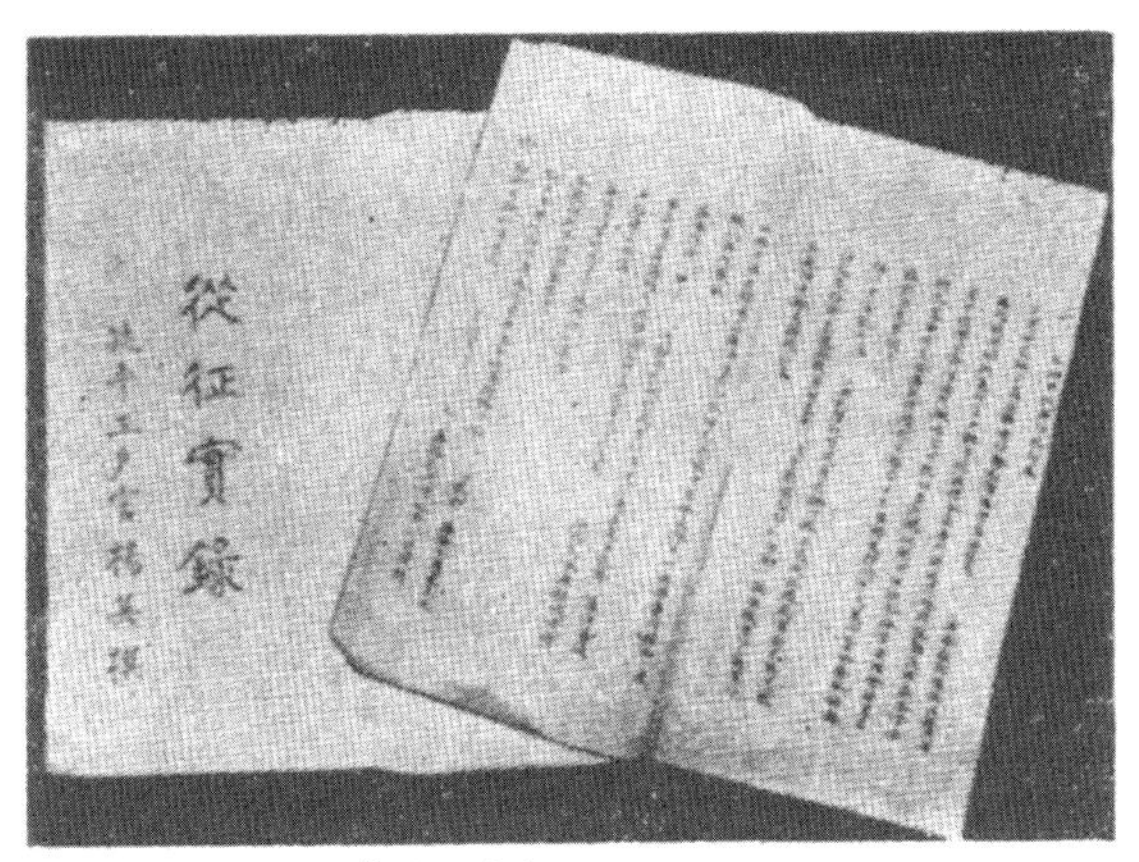

17.　『従征実録』（延平王戸官楊英撰）

写真解説

鄭成功の戸官楊英のかいた根本史料。さきに北京の国立中央研究院歴史語言研究所で、史料叢書之一として、民国二十年（一九三一）に印行された。最近では、鄭成功史料専号（台南文化五巻四期、民国四十六年・一九五七）にも収められている。文字の用法については、俗字・俗語があり、また由・松・常・龍・功・経・錦などに避諱があるので、注意を要する。

文章孔孟の家。

南山、寿域を開き、

東海、流霞を醸す。

である。水戸徳川家の所蔵にかかり、「鄭成功真蹟」といわれる「一年点検魯論足」、

数蕚(がく)初含レ雪、孤標画
本難。香中別有レ韻(いん)、清
極不レ忘レ寒。鄭成功 印印

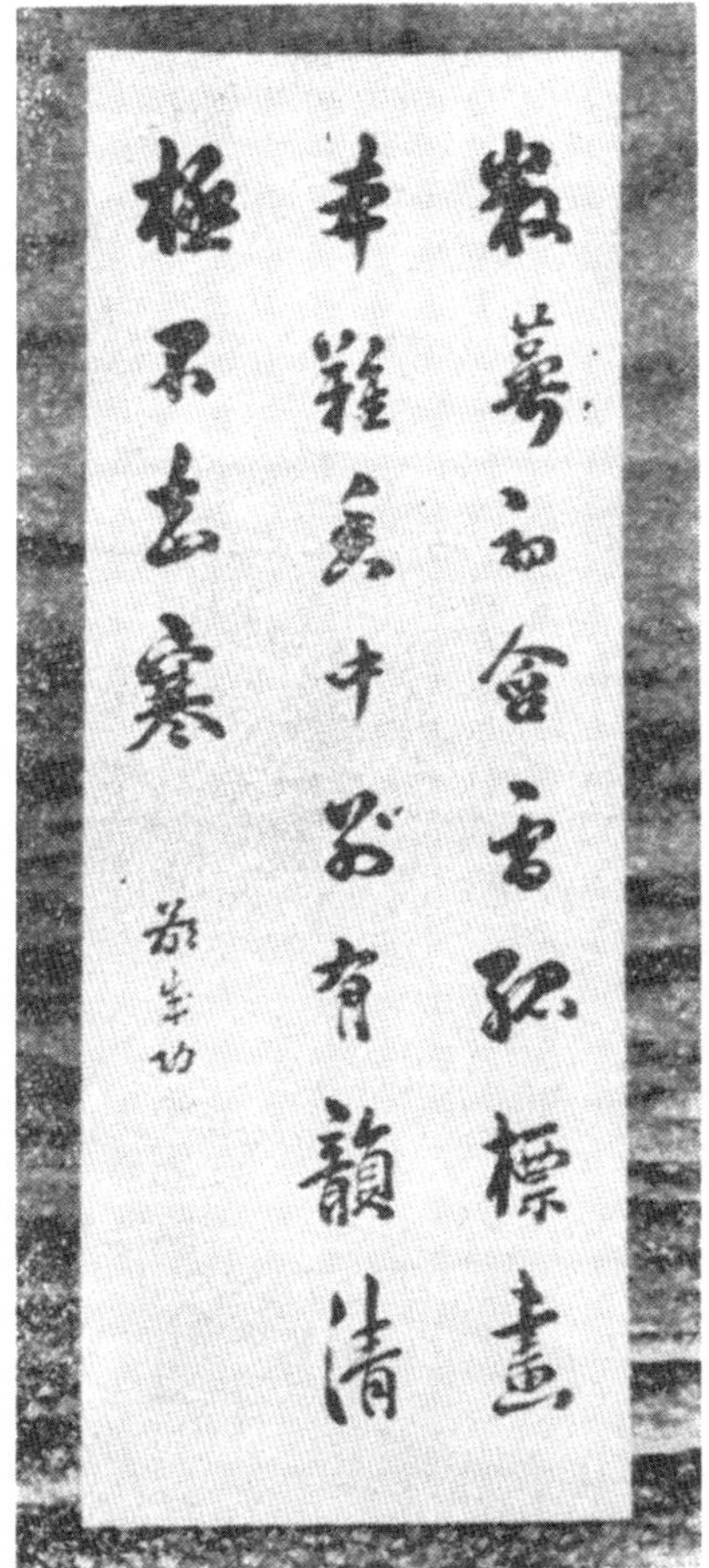

18. 伝鄭成功書「梅花詩」
(井野直治氏蔵)

昭和十八年、井野氏から著者に鑑定を依頼された疑問の一幅。伝鄭成功筆としておこう。かりに「梅花詩」と名づけた。押印の上は「鄭森之章」を二字二行、下は「成功」をよこがきにする。

云々の七言八句、および田川辰一氏所蔵の成功真蹟の摺本にみる「幽花開処月微茫」云々の七言八句、この両詩は、ともに成功の自作かどうかは、つまびらかでない。かつて、わたくしが紹介した井野直治氏蔵の「梅花詩」(挿図18)、すなわち「数萼初含レ雪」云々の五言絶句や、いわゆる「平戸飛鸞島の壁に題す」という「破屋荒畦趁水湾」云々の七言八句なども、やはりうたがわしい。

いまは、これらについてのべることは割愛し、つぎに日本・中国・西洋の順で、鄭成功にたいする人物評価をひととおり整理しておく。

(一) 日本における国姓爺論

鄭成功を詠じた詩

わが国における鄭成功の評価は、一貫してきわめてたかい。たとえば、頼山陽(一七八〇―一八三二)は

英魂千載、桑梓(故郷の日本)に遊び、

楠公父子を問う可しや無しや。

といい、成功を楠公父子とむすんで連想している。梁川(やながわ)星巌(一七八九—一八五八)は

辞せず独力、顚扶(てんぷ)(たおしたり)(たすけたり)に任じ、

大木、堂々真丈夫。

といい、斎藤拙堂(一七九七—一八六五)も

大厦(か)傾き来るも、孤木在り、

南疆(きょう)支え得たり卌余年。

といい、いずれも成功をたたえている。蜀山人(しょくさんじん)(四方赤良(よものあから))(一七四九—一八二三)の戯作(げさく)の詩にも

忠義空しく伝う国姓爺、

終(つい)に看(み)る韃靼(だったん)、中華を奪うを。

といい、やはり同情の意にみちている。また「生を神州(日本)にうけて、義を

明国の光・神州の華

西土（中国）にあらわす」とか、「ただに明国の光なるのみならず、またわが神州の華なり」とかの賛辞もその一例にすぎない。

鄭成功に関心をあつめた三時期

こうした成功にたいする一般的魅力は、日本の歴史とともに、ひきつづき持続され、つねに人気があった。そのうち、とくに関心をひいた時期が、歴史的にみて、これまでに三回ある。

第一回 近松の国性爺合戦

第一回は、近松門左衛門（一六五三―一七二四）の傑作『国性爺合戦』を上演した前後の時期である。

正徳五年＝康熙五十四年（一七一五）十一月一日、大坂の竹本座で初演されたとき、その人気は圧倒的であった。当時、大坂の人口三十万の八〇パーセントを動員させて、ついに三年ごし十七ヵ月の連続上演というから、まさに歴史的な興行記録だったといえよう。原作の内容は——明の奸臣李踏天（りとうてん）は、韃靼（だったん）に内通して祖国をうる。忠臣呉三桂は、先帝の忘れがたみをまもって、九仙山にのがれる。明帝の妹の栴檀（せんだん）皇女は、危地を脱して、わが平戸に漂着、和唐内（わとうない）（鄭成功）にすくわれる。のち和唐内は、父の老一官（鄭芝龍）と母（田川氏）をともなって明国にわたる。和唐内は、異母妹の錦祥女の夫である甘輝を、獅子ヶ城におとずれて、援軍をもとめる。はじめ甘輝は、これを承知しないが、妻の錦祥女とその義母（和唐内の母、田川氏）の死にうごかされて、ついに和唐内と盟約をむすぶ。和唐内は、甘輝とちからをあわせて、韃靼をうちやぶり、奸臣李踏天をほろぼし、幼帝をむかえて明朝を再興する。和唐内は、めでたく国性爺・延平王に封ぜられる。

史実との相違

ここにみる登場人物、地名などは仮空のものもあり、もとより史実とは大いにへだたりがある。ここで、その比較対照をこころみるつもりはないが、主人公の和

和唐内

唐内三官は、また和藤内ともかかれる。そのいみについては、日中の混血児で両国にまたがって活躍する立役者であるとか、前作『碁盤（ごばん）太平記』の小寺藤内（小野寺十内）の連想であるとか、またふざけた解釈にはワカラナイとかいわれている。

国性爺合戦の魅力

しかし、それらの詮索はべつとして、この作品がヒットした原因については、一考を要するであろう。ひとつには、あたかも当時の日本が、「鎖国」とはいえ、長崎を中心とする日清両国の通商貿易によって、一般の大衆にも中国というものが、すくなからぬ利害の関心、魅力と憧憬の対象になっていたからであろう。そうした地盤をふまえて、この作品は、舞台をひろく日中両国にとり、登場人物も「父は唐土、母は日本」とうたった混血児和唐内をヒーロー(主人公)とし、これに配するに、忠臣・奸雄・烈婦・美女いりみだれての豪壮絢爛、異国情緒ゆたかな構想の妙は、明朝再興という愛国的正義観とともに、いたくわが人心に投ずるものがあったためであろう。

国性爺合戦の先駆

ただし、国姓爺に取材した作品は、近松が先鞭をつけたのではない。近松より数年まえ、すなわち元禄のすえごろ、錦文流が『国仙野手柄日記』をかいている。「国仙野」はむろん国姓爺をもじったもの。鄭成功が台湾で病死してから、

近松の第二作と第三作

四十数年後のことであった。近松は、第一作が予想外の大当りに気をよくして、二年後に第二作『国性爺後日合戦』(享保二年・一七一七)、さらに五年後に第三作『唐船噺今国性爺』(享保七年・一七二二)を発表した。しかし、柳の下にどじょうは二度・三度はいなかった。ただわたくしは、第二作のなかで、五府将軍石門龍らに「国性爺は佞臣」といわせていることに注目している。

国性爺は佞臣

国姓爺文学の登場

しかし、近松の『国性爺合戦』をきっかけとして、鄭成功に取材する一連の作品が、あいついで世にでたことは、さらに注目しなければならぬ。わたくしは、これをかりに「国姓爺文学」とよんでいる。たとえば、十八世紀の享保中にかかれたものだけでも、紀海音の『傾城国性爺』(享保元年・一七一六)・『国性爺御前軍談』(同年)・『国性爺竹抜五郎』(享保十二年・一七二七)をはじめ、安藤自笑の『傾城野群談』(享保二年・一七一七)、江島其磧の『国性爺明朝太平記』(同年)、閑楽子の『今和藤内唐土船』(同年)、撰者未詳の『明清軍談国姓爺忠義伝』(同年)がある。右の「傾城野」も、やはり国姓爺をもじったもの。おわりの『国姓爺忠義伝』は、絵入りで、合本五冊。享保十年(一七二五)には、『通俗明清軍談』として十九巻刊行されている。原寒竹が謡曲『和藤内』をかいたのは、宝暦六年(一七五六)である。十九世紀にはいっても、石田玉山の『国性爺忠義伝』(文化元年・一八〇四)、東西庵南北の『国性爺倭話』(文化十二年・一八一五)、柳亭種彦の『唐人髷今国性爺』(文政八年・一八二五)、墨亭雪麿の『国性爺合戦』(天保五年・一八三四)、仮名垣魯文の『国性爺一代記』(安政二年・一八五五)・『国性爺姿写真鏡』(明治五年・一八七二)、河竹黙阿弥の『和国橋』(文久三年・一八六三)など、あいついで世にあらわれた。

国姓爺への不評

これら作品のなかで、世間にほとんどしられていないことは、近松さえ、その第二作で国姓爺を「忠臣」として無条件にほめるのではなく、むしろ「佞臣」ときめつけ、また其磧も、和藤内が栴檀皇女と情を交わす多情の人として、とりあつかっていることである。中国の小説にも、『台湾外誌』のように、成功が「男色(しょく)を好む」ことをかいているものもある。

第二回

第二回は、明治二十七−八年(一八九四—九五)の日清戦争前後のときである。

征台の役

これよりさき、明治七年(一八七四)に染崎延房の『台湾外記』(一名『国性爺』)が、わがいわゆる征台の役にちなんで出版されている。また、すでに明治二十年(一八八七)、芳藤画の「しりとり双六」に、「とらをふまへて和藤内」とみえるから、一般にもひきつづきしたしまれていたことがわかる。

日清戦争

そして、ことに日清戦争後、台湾が日本の領土となってからは、鄭成功への関心は、いっそうたかまった。いままでより、さらにみじかな人物として、文学上はもとより、政治上・経済上の観点からも、あたらしい脚光をあびた。学術的な研究も、ようやくはじめられた。

むろん林春勝(春斎)の『華夷変態(かいへんたい)』(延宝二年・一六七四)のむかしから、さらには川口長孺(ちょうじゅ)の『台湾鄭氏紀事』(文政十一年・一八二八)、朝川善庵の『鄭将軍成功伝碑』(嘉永三年・一八五〇)、斎藤拙堂の『海外異伝』(同年)のように、史実をあきらかにし

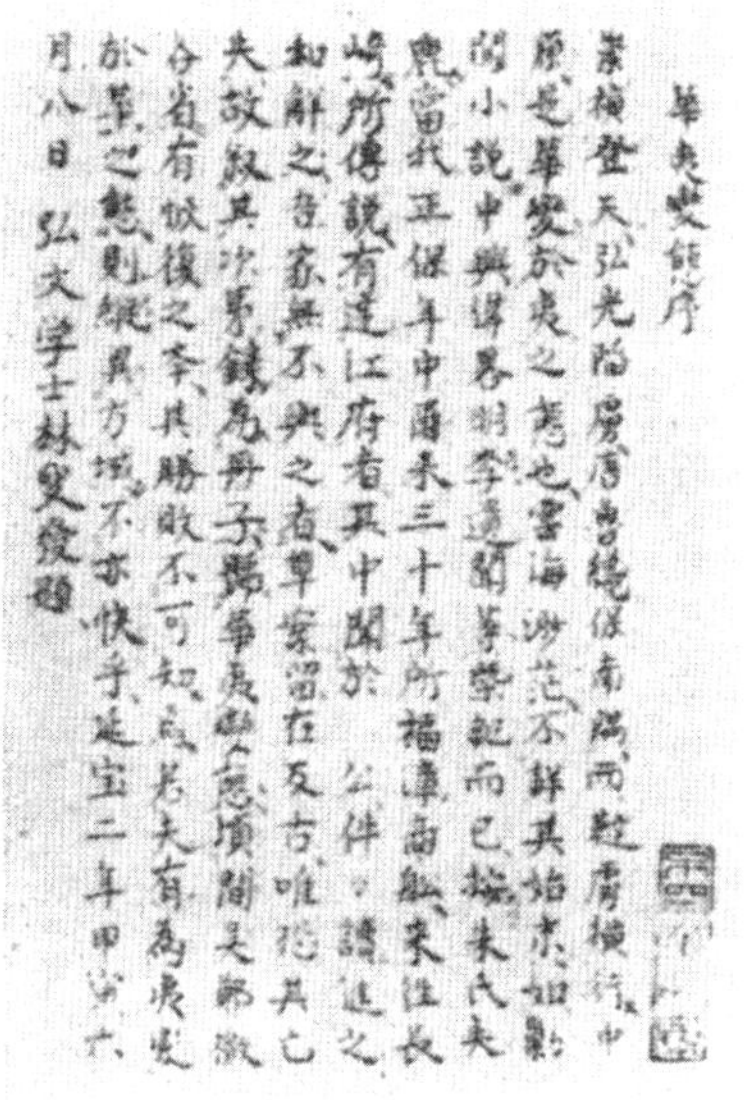

19.『華夷変態』（林春勝・信篤編）

写本。完本は内閣文庫蔵の三十五巻。この書名は、序に明清の交替をさして「華、夷に変ずるの態」としるしたのによる。はじめの五巻までの写本は、静嘉堂文庫・上野図書館・東京教育大学付属図書館などにもある。わたくしは、昭和九年に内閣本その他を調査した。最近、浦廉一博士の解説付で、東洋文庫叢刊一五（昭和三十三年）として、はじめて印行された。上・中・下三冊（下冊未刊）。本図は、江戸時代の転写本の一例。書名にちなむ「序」の部分である。（『山本書店新集書報』四二から転載した。）

華夷変態序

崇禎(すうてい)登ㇾ天、弘光陥ㇾ虜、唐魯纔保二南隅一、而韃虜(だつりよ)横二行中／原一。是華変二於夷一之態也。雲海渺范(びようぼう)、不ㇾ／詳二其始末一。如二勦(そう)／闖(ちん)小説・中興偉略・明季遺聞等一、概記而已。按朱氏失ㇾ／鹿、当二我正保中一。爾(じ)／来三十年所。福漳商船、来二往長／崎一、所二伝説一、有下達二江府一者上。其中聞二於 公一件々、読二進之一／和

ニ解之一。吾家無ㇾ不ㇾ与ㇾ之。（其）者草案留在反古唯（堆）。恐ニ其亡／失一、故叙ニ其次第一録為ニ冊子一、号ニ華夷変態一。頃間呉（聞）鄭檄ニ／各省一、有ニ恢復之挙一。其勝敗不ㇾ可ㇾ知焉。若夫有ㇾ為ㇾ夷変ニ／於華一之態上、則縦異ニ方域一、不ニ亦快一哉。延宝二年甲寅六／月八日、弘文学士林叟発題。

延宝二年甲寅は康熙十三年（一六七四）にあたる。林叟は林春勝（恕・春斎）のこと。／は行の終りを示す。

国姓爺討清記

たものはあった（挿図19）。しかし、依田百川（学海）が、『国姓爺討清記』を明治二十七年（一八九四）十月に出版したとき、巻頭に

読め、読め、諸君。世にも名高き国姓爺が、日本人の気象をもつて、かの満清と戦ひし、大雄略をのせたる書ぞ。台湾とるべし、いざとるべし。国姓爺が亡魂を慰むべし。日本の種子に芽を出ださせよ。読め、読め、諸君、この国姓爺の討清記を。

台湾開創鄭成功

といった調子で、かきだしている。また、丸山正彦の『台湾開創鄭成功』は、明治二十八年（一八九五）十月の自序のなかに

> 今や将軍（鄭成功）が遺恨骨髄に透り、死しても猶忘れざりし清朝は、我が仁義の師に抗しかねてや、媾和修好の結局、善隣旧交略ゝ整ひ、将軍が終焉の地たる台湾は、其の生国大日本帝国の版図に帰し、匪徒鎮定の期漸く近づきぬ。将軍の霊魂はいか嬉しみ天翔り国翔りつゝ、大君の高き御威稜（ママ）を仰ぐらむ。

としるしている。税所敦子編の『内外詠史歌集』（明治二十八年）には、鄭成功を詠じたものが九首おさめられた。伊藤博文の『台湾雑詩』のうちにも、成功を詠じた七言律詩がある。勝諺蔵の『国姓爺実記』は、明治二十九年（一八九六）の作。

文学的関心から政治経済の問題へ

そしてこのころから、鄭成功個人の伝記的関心から、一歩前進して、鄭氏の台湾経営という方面にも、注目されるようになった。新領土である台湾統治のことは、その後ひきつづき、日本の重要な政治・経済問題であったからである。したがって、明治・大正・昭和にわたり、平均して着実な研究もなされてきた。

白柳秀湖は『とこなつの国』（大正十五年・一九二六）をかいた。幸田露伴の『鄭成功』

(露伴全集・第十一巻)は少年向の教訓的なものがたり、久保栄の『国姓爺新説』(久保栄選集・第一巻)は戯曲である。

第三回 日中戦争から太平洋戦争へ

第三回は、このたびのいわゆる日中戦争から太平洋戦争にかけてであった。『国姓爺号』(『歌舞伎』一の一、昭和五年)や、森田草平の『鄭成功の母』、三田村鳶(えん)魚(ぎょ)の『国性爺合戦』、鬼空の『鄭成功』などがあらわれた。幣原(しではら)坦(たいら)博士の『南方文化の建設へ』(昭和十三年・一九三八)や、石原道博の『鄭成功』(昭和十七年・一九四二)・『明末清初日本乞師の研究』(昭和二十年・一九四五)も、そうした時潮のなかでかかれた。

大衆化した国姓爺の人気

『楼門』や『獅子城』は、あいかわらず歌舞伎で上演された。日劇では、エノケンが『国性爺合戦』を上演したし、新興キネマでは、市川右太衛門主演でこれを映画化し、大衆の人気をあおった。ラジオでも、はじめて放送された。長谷川伸は都(みやこ)新聞に、『国姓爺』を連載した。この単行本が『国姓爺』芝虎巻(大道書房昭和十八年・一九四三）である。

敗戦後における国姓爺にたいする関心

ところが、昭和二十年（一九四五）の敗戦を契機として、領土的関係から鄭成功への関心も、ややうすらいだかにみえた。現在はむしろ「二つの中国」において、これまでにない異常な関心をしめしている。日本は、むしろその関心のあおりをうけているかたちである。わたくしが、ふたたびペンをとって、本書をかくような事態そのものが、この間の事情をものがたっているともいえる。むろん、台湾鄭氏にかんする純粋な学問的研究は、ひきつづきおこなわれていた。参考文献にひいた岩生成一・藤塚鄰・浦廉一・森克己諸博士、田中克己・中村孝志両氏や、わたくしの論文などはその例である。

衰えない魅力

上田徴古館の「鄭成功のカブト」が話題になったりしたが、通俗的なものとしても、老若男女のあいだに、依然たる魅力があった。中山光義氏の『国性爺合戦』（偕成社、昭和二十七年・一九五二）は少年少女世界名作文庫の一冊であり、飯沢匡（ただす）氏の

『国性爺合戦』（河出書房、昭和三十一年・一九五六）は日本国民文学全集第十三巻として現代文訳された。ＮＨＫ第一放送では、俳優座の『国性爺合戦』が電波にのり（昭和三十年三月二十一日、語り手は徳川夢声、演出は伊藤信雄）、東横ホールでは、若手歌舞伎による『和唐内』が上演された（昭和三十年十二月）。最近、またおなじ東横ホールで、文学座の『国性爺』が上演され、好評だった（昭和三十三年五月、矢代静一作、演出は戌井市郎）。

（二）　中国における国姓爺論

中国における鄭成功の評価も、日本におけると同様、きわめてたかい。いうまでもないが、漢族王朝の明（ミン）に同情をよせる人々は、多く伝統的な華夷思想にもとづいて、鄭成功をたたえた。その明朝をたおした満州王朝の清（シン）は、ふつうなら、最後まで抵抗をつづけた鄭成功をほめるはずはない。ところが、清朝では、かえっ

清朝における鄭成功顕彰

てかれをすこぶる賞揚した。そして、これと反対に、はやく投降して清朝のためにつくした父の鄭芝龍は、むざんにも「逆臣」「貳心」の汚名のもとに、徹底的にけなされた。

南安に帰葬

それは、清朝の漢人統治策の一環として、死者にむちうたず、むしろこれを賞揚することによって、懐柔するいみもあったろう。しかし、それにしても、康熙三十九年＝元禄十三年(一七〇〇)に、聖祖は成功の遺烈を賞して、故郷である福建の南安に帰葬することをゆるした。

忠節とおくりな

また同治十三年＝明治七年(一八七四)に、穆宗は台湾の台南に成功の廟をたてることをゆるし、したしく「忠節」とおくりなした。

延平郡王祠

これが、のちの開山神社であり、いまの延平郡王祠である。

本来なら、清朝の敵として、悪評される運命の人が、ふしぎに明・清両朝を通じて、好感をもってむかえられ、讃仰の対象にすらなった。日清戦争後も、台湾の割譲とは、すくなくとも無関係であった。辛亥革命(一九一一)ののち、帝制がたお

二つの中国からひっぱりだこ

民族英雄

20.　延平郡王祠（台南市所在）

光緒元年=明治8年（1875）にたてた。はじめ開山王廟といった。むかしの開山神社。正門入口のうえには，たてに「奉旨祀典」，よこに「明延平郡王祠」とある。正殿には，鄭成功の神像と神位を安置する。後殿には，母田川氏を祀る。本図の新装の祠聯には，その額に「忠肝義胆」の四字をよこがきする。

れて中華民国となっても、鄭成功を非難するような論者は、あらわれなかった。現在も、「二つの中国」からひっぱりだこのベタほめである。

台湾の現状が、明末清初における台湾の形勢とにていることは、中国史をまなんだ人には、すぐ連想されるところであろう。いずれも、鄭成功を「民族英雄」としてたたえ、ともに「延平精神」の発揚を

21.　鄭成功切手

(中華民国郵政)

衣冠すがたの鄭成功の上半身をえがく。下辺に「延平郡王鄭成功」とよこがきしてある。図は、壱円(青色)・伍角(茶色)・肆角(樺色)のもの。

22.　鄭成功銅像(台南市)

台南文化、五巻四期(一九五七)の表紙にみえるものから転載した。鄭成功には、ひげがあるかないかで、いろいろ論議もされた。短鬚・明服をつけた銅像である。台座に「民族英雄、鄭成功銅像」と二段によこがきしてある。

強調している。

台湾において

しかし、すこしたちいって発表された論著をよんでみると、「民族」のいみにも、それぞれのニュアンスがある。結論だけをいえば、台湾では、どちらかといへば、鄭成功の「掃穴金陵」「反清復明」とか、「打回大陸」「光復中国」とかに重点をおいている。すなわち、オランダ人を駆逐して台湾を攻略し、そのすぐれた経営にあたった鄭成功は、「大陸反攻」「政権復興」の大先達である、という立場で讃仰している。開山神社も、新装なって「延平郡王祠」（挿図20）となった。肖像入りの切手（挿図21）も発売された。ひげがあったか、なかったかでもめたあげく、台南市に短鬚・明服すがたの銅像（挿図22）も建てられた。そのほか、たとえば、誕辰記念の展覧会（民国四十年・一九五一）・省運動大会の聖火リレー（民国四十四年・一九五五）など、各種の記念行事や、関係論著の出版もきわめて多い。参考文献を参照されたい。曽廼敦が史劇『鄭成功』四幕（民国四十二—四十三年・一九五三—五四）をかきおろしたかと思えば、映画『民族英雄鄭成功』（金都影業公司）も製作され、民国四十三年（一九五四）十月以降、各地で上映された。

一方、大陸では、むしろ鄭成功の「台湾解放」を重視する。すなわち、オランダの「植民主義者」を駆逐し、ただしい「民族政策」をおこなったという点を強調する。羅銘ら四氏による『鄭成功収復台湾赤嵌図』（彩墨）（挿図13）もできている。参考文献にかかげた著書は、いずれもそうした主旨を力説している。もっとも新しい朱楊氏の『民族の英雄鄭成功』にみえる、むすびの一文を引用してみよう。

> 異民族と外国植民主義者の侵略に抗して闘った民族の英雄鄭成功の名は、中国人民の胸に永遠にやきつけられている。彼の愛国の精神はこんにち、中国人民にうけつがれて、アメリカ帝国主義の占領下にある台湾解放の決意を鼓舞する大きな力となっている。

大陸において

塑像も、台湾のは、衣冠の文官すがたであるのにたいし、大陸のは、甲冑に身

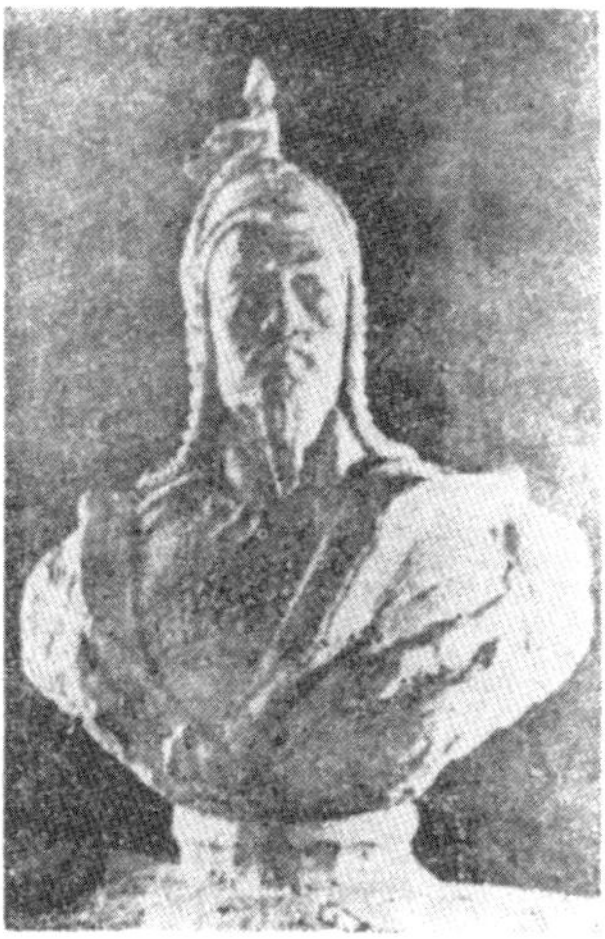

23.　鄭成功胸像

朱偰『鄭成功』所収のものから転載した。甲冑にみをかためた武将すがたである。なお，画像としては，台南歴史館蔵の鄭成武功武身像（24×30 cm）や，台湾省文献委員会蔵の鄭成功持剣像もある。

をかためた武将すがた（挿図23）であるのも、対照的である。

思うに、いわゆる民族精神の昂揚も、それが絶対主義、自由・民主主義、帝国主義、社会主義などとむすびつくとき、その支配的原理や、時代的課題がそれぞれちがってくることは、東西歴史の教訓であろう。

（三）　西洋における国姓爺論

西洋では国姓爺 Kuo-hsing-ye の音をうつして、Coxinga, Koxinga など二十種

本藩

あまりのよび名のあったことは、第二章で紹介した。そのほか、「本藩」の音をうつして Pompoan, Punpuan, Pun Poin, Pun-puan などともみえる。日本や中

朝鮮における国姓爺論

国側でない立場から、あたらしい史料や見解を提供しているところに特色がみられる。朝鮮側の『李朝実録』、そのほかの史料も、日中両国側の史料をおぎなういみで重要であるが、やはり鄭成功にたいしては、おおむね同情的であるのにかわりはない。

西洋側の立場

これにたいし、西洋側では、日本・中国・朝鮮にみるような、ことさらな同情や弁護をもって鄭成功をみてはいない。オランダ人はもとより、イギリス人そのほかも、台湾鄭氏とは、かならずしも利害を一にしなかったからであろう。たとえば、成功を「掠奪者」「劫掠者（こうりゃく）」とするもの、「指導者」ないし「海賊にして愛国者」とするものなど、いろいろである。なかには、成功と芝龍を混同したり、

混同と誤解

「台湾」を普通名詞とあやまって Terraced Bay と直訳したりしている。

現在の台湾は、アメリカ軍の防衛もあるから、この方面には、かなりしれわたってきたようである。わたくしも戦後、アメリカやカナダの人で、鄭成功に関心をもっている二―三の同学者と知人になった。いまは、日本のジャーナリズムにもすっかりなじみになったドナルド＝キーン Donald Keene 氏に、近松の『国性爺合戦』を英訳した労作がある。また、最近は、マニラで発行している〃フリー・ワールド〃(Free World, VII—1, 1958) に、

国性爺合戦の英訳

Enduring Fame—Chinese Hero of 17th Century Honored on Taiwan (Koxinga, He Preserved Chinese Nationalism)

と題し、鄭成功の衣冠束帯(そくたい)の肖像画入りで、紹介の一文をのせていたのが、わたくしの注目をひいた。

鄭成功略系図

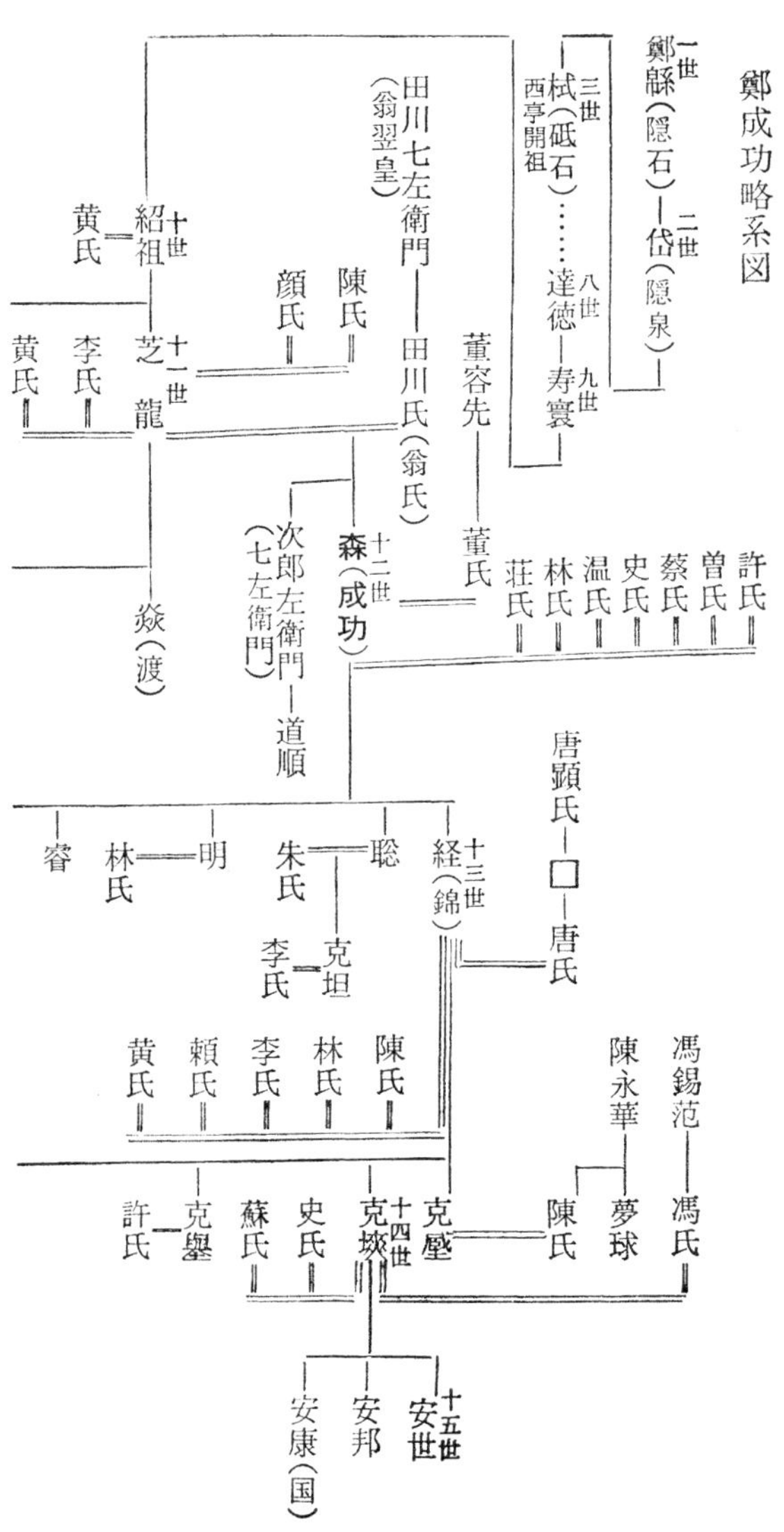

一世
鄭繇（隠石）
二世
岱（隠泉）
三世
栻（砥石）
西亭開祖
八世
達徳
九世
寿寰
十世
紹祖
黄氏
十一世
芝龍
黄氏
李氏
田川七左衛門（翁翌皇）
陳氏
顔氏
田川氏（翁氏）
董容先
董氏
十二世
森（成功）
次郎左衛門（七左衛門）
道順
焱（渡）
許氏
曽氏
蔡氏
史氏
温氏
林氏
荘氏
唐顕氏
□
唐氏
十三世
経（錦）
聡
朱氏
明
林氏
睿
克坦
李氏
陳氏
林氏
李氏
頼氏
黄氏
馮錫范
馮氏
陳永華
夢球
陳氏
克壓
十四世
克塽
史氏
蘇氏
克塽
許氏
十五世
安世
安邦
安康（国）

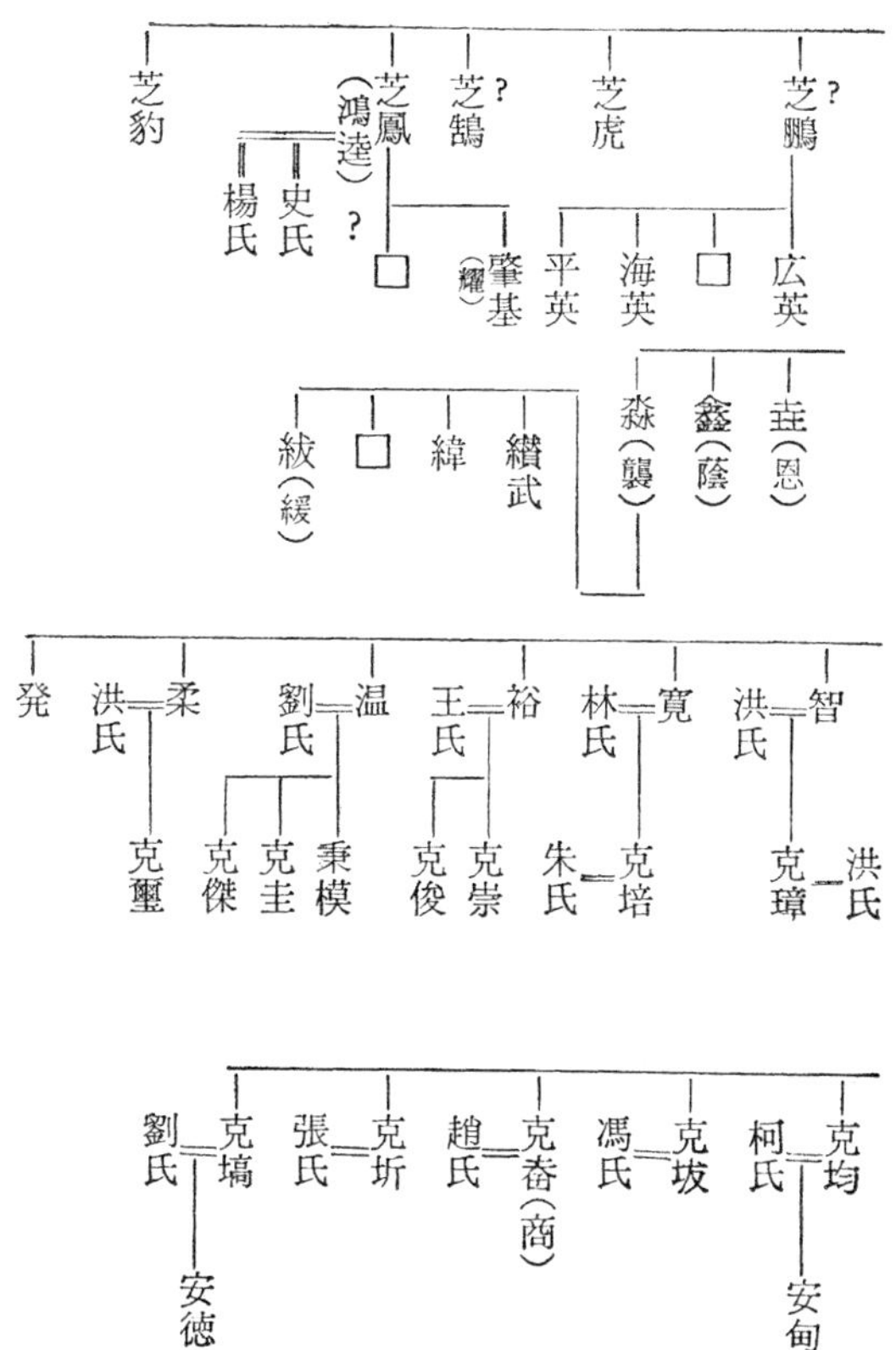
芝豹
芝鳳
(鴻逵)
芝鵠 ?
芝虎
芝鵬 ?
楊氏
史氏
?
□
肇基
(燿)
平英
海英
□
広英
森(襲)
鑫(蔭)
垚(恩)
紱(綬)
□
緯
纘武
発
洪氏
柔
劉氏
温
王氏
裕
林氏
寛
洪氏
智
克璽
克傑
克圭
秉模
克俊
克崇
朱氏
克培
克璋
洪氏
劉氏
克塙
張氏
克圻
趙氏
克畬(商)
馮氏
克坺
柯氏
克均
安徳
安甸

略年譜

日本		西暦	年齢	事歴	参考事項	中国 明	中国 後金
後水尾	寛永元	一六二四	1	七月一四日（陽八月二七日）日本平戸に生まれる、幼名は福松	オランダ人が台湾を占拠する（日光東照宮陽明門ができる）	天啓4	天命9
	二	一六二五	2		後金が都を瀋陽にうつす	5	10
	五	一六二八	5		鄭芝龍が明に降る○李自成らが乱をおこす（イギリス権利の請願）	崇禎	天聡2
明正	七	一六三〇	7	日本から中国におもむく、福建南安県安平鎮におる、名を森と改める		3	4
	一一	一六三四	11	私塾において学習、「洒掃応対進退」の一文をつくるという		7	8
	一二	一六三五	12		（参観交代の制）	8	9
	一三	一六三六	13		後金が国号を清と改める	9	清 崇徳
	一四	一六三七	14		（島原の乱）	10	2

天皇	年号	西暦	年齢	事項	参考事項	明	清
明正	一五	一六三八	15	南安県学員生となる		11	3
	一六	一六三九	16	高等に試し録取されるという	(鎖国)	12	4
	一九	一六四二	19		鄭経が生まれる	15	7
	二〇	一六四三	20		(田畑永代売買の禁止)	16	8
後光明	正保 元	一六四四	21	南京の大学にまなぶ、銭謙益から大木の字(あざな)をもらう	三月、李自成が北京を陥れ、毅宗が景山で自殺する○呉三桂が乞師し、清軍が入関する○福王由崧が南京に擁立される	17	順治
	二	一六四五	22	南京から福建にかえる○八月、唐王隆武帝から国姓朱を賜い、成功と改名、忠孝伯に封ぜられる	二月、鄭芝龍が長崎奉行の庇護を請う○四月、鄭成功の母田川氏が単身で中国にわたる○朱舜水が長崎にくる(第一次)○五月、福王弘光帝が清軍に捕われて殺される○六月、魯王以海が紹興に擁立される○閏六月、唐王聿鍵が福州に擁立される○一一月、鄭芝龍が日本に援兵を請う○一二月、明の都督崔芝が日本の師三千・堅甲二百領を乞う○康永寧が安南乞師におもむく	弘光・隆武	2

天皇	年号	西暦	年齢	事蹟	参考事項	明	清
後光明	正保三	一六四六	23	隆武帝に治兵・籌餉・精器の三事を陳奏する○父の降清、母の非命をしり、明室の回復を誓う	二月、鄭芝龍のチンチェウ船が長崎に入港する○六月、鄭芝龍が日本請援の使者をつかわす、風波のため失敗する○僧広済を海外徴兵におもむかせる○八月、鄭芝龍がふたたび日本請援の使者をつかわす○隆武帝が汀州にはしりのち害せられる○鄭芝龍が清に降る○桂王由榔が肇慶に擁立される○鄭成功の母田川氏が安平城で自害する○一〇月、日本が大陸出兵の計画を放棄する	隆武 2	順治 3
	四	一六四七	24	海澄、泉州を攻囲する	四月、鄭成功の使者「福州城守の弟」が日本請援にくる○馮京第・黄孝卿が日本に乞師する○朱舜水が日本にくる(第二次)	永暦	4
	慶安元	一六四八	25	使者をつかわし桂王永暦帝に表を奉る○一〇月、日本へ「請援兵」の一書をおくる	一〇月、鄭彩が日本へ「求通商船」の一書をおくる (ウェストファリア条約)	2	5
	二	一六四九	26	永暦帝から威遠侯、ついで漳国公に封	五月、鄭彩が琉球に書を送り、日本・	3	6

天皇	年号	西暦	年齢	事項	関連事項		
				ぜられる〇北上して張名振と連絡する〇一一月、潮州を略する、糧粟一万余石	琉球に請援する（慶安の御触書）		
後光明	三	一六五〇	27	四月、掲陽を略する、「正供」数万〇八月、鄭彩・鄭聯兄弟を攻め、厦門・金門両島を根拠地とする〇潮陽に進駐する	一〇月、明の王太后がミカエル＝ボイムをローマ法王庁につかわす	4	7
	四	一六五一	28	清軍の攻撃をしり、いそぎ厦門にかえる〇三月、大星所を略する〇五月、永寧・崇武を略する〇漳浦を略する〇一二月、使者を日本につかわし、鉛・銅の助をえる	舟山が陥り、魯王が厦門にはしる〇黄梧・黄興が来投する〇永暦帝が安南に請援する（イギリス航海条例）	5	8
	承応元	一六五二	29	長泰を攻め、漳州を囲む	周全斌が来投する〇朱舜水が長崎にくる（第三次）	6	9
	二	一六五三	30	海澄の戦で大いに清軍を破る〇五月、永暦帝から延平郡王に封ぜられる〇八月、漳州・泉州を略する〇九月、雲霄を略する、米五万石〇一〇月、龍溪を	五月、永暦帝が鄭成功の部将らを封爵する〇七月、朱舜水が長崎にくる（第四次）〇九月、張名振・張煌言らが長江に入る（第一回）	7	10

天皇	年号	西暦	年齢	事項	関連事項		
				略する、餉二〇万〇一一月、恵安・仙遊を略する、餉三〇万			
後光明	三	一六五四	31	清から海澄公に封ずる条件で招降されたが、受けない〇三月、福州・興化・泉州・漳州を略する〇四月、永定を略する〇六月、長楽を略する〇七月、漳州・泉州・福州・興化を略する〇銅山を略する、糧米十ヵ月〇同安・南安・恵安を略する（漳州餉銀百八万、泉州助餉七五万）	正月、張名振・張煌言らが長江に入る（第二回）〇四月、張名振・張煌言らが長江に入る（第三回）〇朱舜水が長崎にくる（第五次）	8	11
後西	明暦元	一六五五	32	三月、厦門の中左所を改めて思明州とする〇四月、永暦帝から潮王に封ぜられる〇温州・台州を略する		9	12
	二	一六五六	33	七月、閩安・福州を略する〇鄭芝龍による清の招降を拒絶する〇一〇月、福安を略する〇一二月、寧徳を略する、糧餉三ヵ月	正月、張名振が没する〇八月、舟山が陥る	10	13
	三	一六五七	34	正月、温州・福寧を略する〇二月、福	台湾のオランダ通事何斌が鄭成功のも	11	14

天皇	年号	西暦	年齢	事項	関連事項		
後西				安・温州を略する、糧餉三ヵ月・湖糸三百余担〇七月、興化を略する〇一一月、潮陽・掲陽を略する	とへ通商交渉にくる（江戸大火・振袖火事）		
	万治元	一六五八	35	五月、南京攻略のため北上する〇八月、羊山で覆没する〇九月、日本に援兵を請うという〇一一月、磐石衛を略し、養兵派餉・造船製器にしたがう	六月、鄭成功の使船が長崎に入港し、「朱成功献日本書」をもたらす〇八月朱舜水が長崎にくる（第六次）〇明の王太后の使者ミカエル＝ボイムがローマからかえる	12	15
	二	一六五九	36	四月、ふたたび北伐にむかう〇五月、舟山・羊山にいたる〇六月、瓜州・鎮江に大勝する〇七月、南京を攻囲して敗れ、長江を下る〇朱舜水によって日本に援兵を請う？（鄭成功贈帰化舜水書）〇九月、思明州に逃回する	七月、張煌言が別軍となつて江南・江北の各地を経略、四府三州二四県が来降する〇九月、張煌言が浙海にかえる〇朱舜水が長崎にきて投化する（第七次）	13	16
西	三	一六六〇	37	厦門進攻の清軍を大いに破る〇七月、兵官張光啓を日本借兵につかわす	一一月、張光啓が日本から武器の応援をうけて帰る	14	17
	寛文元	一六六一	38	三月、オランダ人の占拠する台湾攻略	張煌言が台湾攻略中止を進言する〇四	15	18

西　後

寛文　二

一六六二

39

におもむく〇一二月、ゼーランジャ城を降す〇台湾の経営にあたる

三月、イタリア宣教師ビトリオ＝リッチを呂宋招諭におもむかせる〇厦門留守の長子鄭経の不義をきき、経と董夫人を殺そうとする〇五月八日（陽六月二三日）台湾で没する

月、鄭芝龍が殺される〇沿海五省にわたる遷界令が実施される〇李定国が車里・暹羅・古刺に乞師する

（ルイ一四世親政）

張煌言が大陸反攻をすすめる〇四月、永暦帝が昆明で殺される〇一一月、魯王が金門で没する

16

熙康

参考文献

国姓爺にかんする史料・文献のかずはきわめて多い。その種類範囲も、内外にわたり、歴史上の人物としては、世界中でも、おそらくもっとも多い一人とおもう。わたくしの前著『鄭成功』には、不完全ながら、日本五三、朝鮮一、中国三五、西洋一八、計一〇七種をあげておいたが、そののち発表された論著をくわえて補訂してみると、じっさいはその三倍以上になる。本文中にも、随時引用しておいた。

ここでは、この本の性質上、日本のものは、根本史料やほかの著書・論文がしたがってわかるような、近出のものをとりあげた。中国のものは、論文を割愛して著書にかぎり、これもすべて近出のものを列挙してみた。発行は、大陸・台湾をとわない。西洋のものは、和訳ないし漢訳のあるものを若干かかげた。ドナルド＝キーン氏の労作をあげたのは、最近出のものであること、参考書目も、わりあいととのっていることのためである。

これらによって、最近における内外の国姓爺研究の動向をしるよすがとしていただきたい。なお、和漢書については、てじかな伊能嘉矩氏の『台湾文化志』（昭和三年・一九二八）の書目や、『国学論文索引』五冊（一九二九、三一、三四、三五）・『中国史学論文索引』二冊（一九三七）、また洋書については、Campbell, W., Formosa under the Dutch (London, 1903) の書目などを、あわせ参照せられたい。

1 田中克己「清初の支那沿海」（歴史学研究、六の一・三）昭和一一年一・三月
「鄭氏の台湾地図」（和田博士還暦記念東洋史論叢）昭和二六年
陳乃蘗訳「鄭氏之台湾地図」（台湾文献、六巻一期）民国四四年三月

2 岩生成一「明末日本僑寓支那人甲必丹李旦考」（東洋学報、二三の三）昭和一一年
S. IWAO Li Tan, Chief of the Chinese Residents at Hirado, Japan in the Last Days of the Ming Dynasty (Memoirs of the Research Department of the Toyo Bunko, No. 17, 1958)
「近世日支貿易の数量的考察」（史学雑誌、六二の一一）昭和二八年一一月

3 幣原坦「南方文化の建設へ」富山房　昭和一三年（一九三八）

4 石原道博「鄭成功」（東洋文化叢刊）三省堂　昭和一七年（一九四二）

「東亜史雑攷」生活社　昭和一九年(一九四四)
「明末清初日本乞師の研究」富山房　昭和二〇年(一九四五)
「鄭成功と朱舜水」(台湾風物、四巻八・九期)一九五四
「張煌言の江南江北経略」(台湾風物、五巻一一・一二期)一九五五
「鄭成功雑考」(台湾風物、四巻一〇期、五巻一・四・五・六・七・八・九期、六巻一期)一九五四―五六

5 藤塚　鄰　「鄭成功母子の図を繞る日鮮明清の文化交流」(日鮮清の文化交流)昭和二二年一二月

6 浦　廉一　「清初の台湾鄭氏に関する新研究」(研究論文集・抄録誌二)昭和二六年
「台湾鄭氏と朝鮮との関係」(広島大学文学部紀要三)昭和二七年一二月
「清初遷界令の研究」(広島大学文学部紀要五)昭和二九年三月
「清初遷界令攷」頼永祥訳(台湾文献、六巻四期)一九五五

7 森　克己　「台湾に於ける鄭氏研究」(史学研究、五九)昭和三〇年七月
「国姓爺の台湾攻略とオランダ風説書」(日本歴史、四八)昭和二七年五月
「鄭成功攻台之端緒」(台湾風物、四巻八・九期)一九五四

8中村孝志「I・V・K・B訳、国姓爺台湾攻略記について」（神田博士還暦記念書誌学論叢）昭和三二年

9中山久四郎「国姓爺鄭成功の母」（歴史教育、六の一〇）昭和三三年一〇月

★

1銭長齢編、張令濤・胡若仏絵「鄭成功」（歴史故事連続画）上海・三民図書公司 一九五〇

2張　文清「鄭成功的抗清闘争」（愛国主義通俗歴史故事叢書）上海・大中国図書局 一九五三

3方　白「鄭成功」北京・中国青年出版社 一九五五

4呉紫金・洪卜仁「鄭成功収復台湾記」福建人民出版社 一九五五

5朱　偰「鄭成功」湖北人民出版社 一九五六

6台湾省文献委員会「鄭成功誕辰紀念専号」（文献専刊、一巻三期）民国三九年（一九五〇）

「鄭成功第三百廿六周年誕辰紀念展覧会図集」同委員会　民国四〇年（一九五一）

7黄　天健「海天孤憤――鄭成功復国史紀詳」台北・正中書局　民国三九年（一九五〇）

8金　宇璋「鄭成功伝」（民族英雄故事）二冊　香港・華美書局　民国四一年（一九五二）

9李　樹桐「鄭成功」（中国偉人小伝一集七）台北・華国出版社　民国四二年（一九五三）

10 顔　興「鄭成功復明始末記」台南・鳴雨盧　民国四二年（一九五三）

11 頼　永祥「明鄭研究叢輯」㈠㈡㈢　台湾風物雑誌社　民国四三―四五年（一九五四―五六）

12 黄典権編「鄭成功史料専号」（台南文化、五巻四期、台湾史料専輯乙編）台南市文献委員会　民国四六年（一九五七）

13 楊家駱編「延平二王遺集」（世界文庫・民族正気叢書一）台北・世界書局　民国四六年（一九五七）

14 阮　旻錫「鄭成功史料合刊」海東山房　民国四六年（一九五七）

★

1. Coyett, F., 'tVerwaarloosde Formosa. Amsterdam, 1675.

㈠ 谷河梅人訳「閑却されたる台湾」台湾日日新報社　昭和五年（一九三〇）

㈡ 平山勲訳「等閑に付せられたるフォルモサ」（台湾社会経済史全集八・九巻）昭和九年（一九三四）

㈢ 魏　清徳訳

A「被間却之台湾」（台湾省通志館刊一・二・三号）民国三七年（一九四八）

B「被忽視之台湾」(文献専刊、三巻三・四期) 民国四一年(一九五二)

(四) 李辛陽・李振華合訳「鄭成功復台外記」(現代国民基本叢書、三輯) 中華文化出版事業委員会　民国四四年(一九五五)

2. Riess, L., Geschichte der Insel Formosa. (Mitt. der Deutschen Ges. f. Natur-u. Völklkerkunde Ostasiens, 1897)

(一) 吉国藤吉訳「台湾島史」明治三一年(一八九八)

(二) 王瑞徴・頼永祥訳「明鄭自立時期之台湾」(台湾風物、六巻二期) 一九五六

3. Wirth A., Geschichte Formosa's bis Anfang 1898. Bonn, 1898.

林秀枢訳「国姓爺」(台湾風物、五巻四期) 一九五五

4. Keene, D., The Battles of Coxinga. (Cambridge Oriental Series, No, 4) London, 1951.

〔追補〕

田中克己「対国姓爺戦における漢軍の役割」(和田博士古稀記念東洋史論叢) 一九六〇

永積昭「鄭氏攻略をめぐるオランダ東インド会社の対清交渉、一六六二―一六六四」(東洋学報、四四―二) 一九六一

浦　廉一「唐船風説書の研究」（東洋文庫叢刊一五上、華夷変態・上冊）一九五八
石原道博「国姓爺こぼれ話」一・二・三・四・五（日本歴史、一三〇・一三五・一三七・一四一・一六一）一九五九・六〇・六一
「鄭成功関係史料補説」（茨城大学文理学部紀要・人文科学一二）一九六一
台湾省文献委員会「鄭成功復台三百年紀念特輯」（台湾文献、一二―一）一九六一
台湾風物社「鄭成功開台三百週年紀念特輯」㈠㈡㈢㈣（台湾風物、一一―三・四・六・一二）一九六一
黄　典権「鄭成功復台三百年史画」中華文化出版事業社　一九六一
林　天宋「鄭延平登陸地点之論争」栄原印務局　一九六二
方　白「鄭成功収復台湾」中国少年児童出版社　一九六二
石原道博「鄭成功・朱舜水・心越関係の二史料」（岩井博士古稀記念典籍論集）一九六三
「鄭芝竜集団の軍事的基盤」（軍事史学、三）一九六五
前嶋信次「鄭芝竜招安の事情について」（中国学誌、一）一九六四
岩生成一「鄭成功の一書翰について」（法政史学、一七）一九六五
田中克己「遷界令と五大商」（史苑、二六―二・三）一九六六

石原道博「国姓爺合戦」（日本と世界の歴史14・17世紀）一九七〇
渡辺守邦「幕末国姓爺ものの考察」（国文学・言語と文芸六―五）一九六四
中道邦彦「清初靖南藩と台湾鄭氏との関係」（歴史の研究一三）一九六八
中村忠行「『台湾軍談』と『唐船噺今国姓爺』」（天理大学学報六六）一九七〇
上野凌弘「鄭成功・台湾の夜明け」（歴史読本3）一九七五
山本治夫「国姓爺文学の比較文学的研究（一）―（三）」（福岡大学人文論叢六―四、七―二三）一九七五
向山寛夫「実説鄭成功（一）―（五）」（人と日本二―三―七）一九七八
「中国大陸での国姓爺・鄭成功の史蹟巡り」（日本歴史四一五）一九八三
王延哲士「新・国姓爺伝説」 徳間書店 一九八四
台湾銀行経済研究室「鄭成功伝」（台湾文献叢刊六七）一九六〇
「鄭氏関係文書」（台湾文献叢刊六九）一九六〇
蔡　潔「抗清英雄鄭成功」（中国歴史名人故事三輯）一九六六
劉篠（絵画・干駿治）「鄭成功在台湾」 寧夏人民出版社 一九八〇
鄭成功研究学術討論会編「台湾鄭成功研究論文選」一九八二
厦門大学歴史系編「鄭成功研究論文選」一九八二

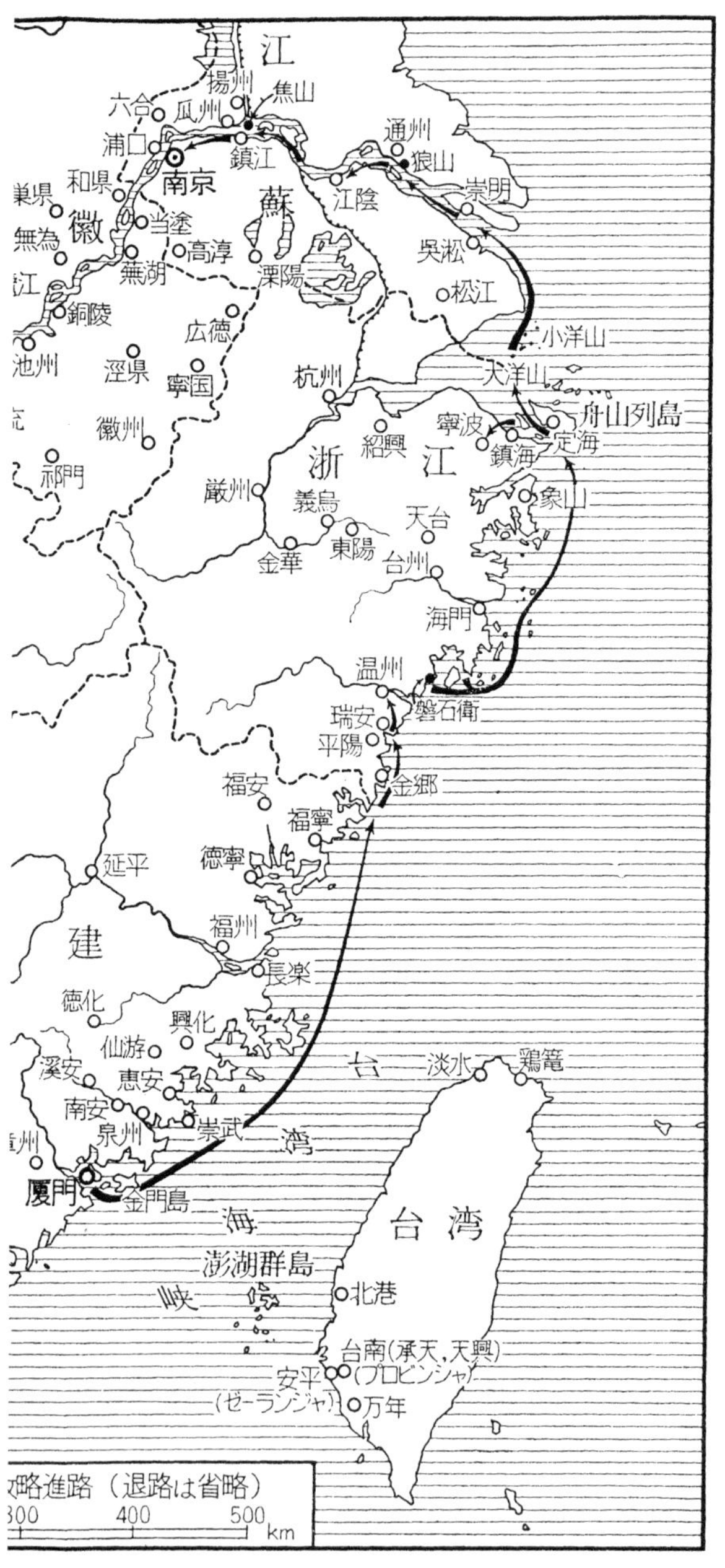

江
揚州
焦山
六合
瓜州
浦口
鎮江
南京
和県
巣県
徽
当塗
無為
蘇
高淳
蕪湖
溧陽
江
銅陵
池州
涇県
広徳
寧国
通州
狼山
江陰
崇明
呉淞
松江
小洋山
大洋山
杭州
舟山列島
寧波
紹興
定海
鎮海
徽州
祁門
浙
江
厳州
義烏
象山
天台
東陽
金華
台州
海門
温州
磐石衛
瑞安
平陽
金郷
福安
福寧
徳寧
延平
福州
建
長楽
徳化
興化
仙游
台
淡水
鶏籠
渓安
恵安
南安
泉州
崇武
湾
廈門
金門島
海
台
湾
澎湖群島
峡
北港
台南（承天，天興）
安平
（プロビンシャ）
（ゼーランジャ）
万年
略進路（退路は省略）
400
500
km

国姓爺（鄭成功）関係地図

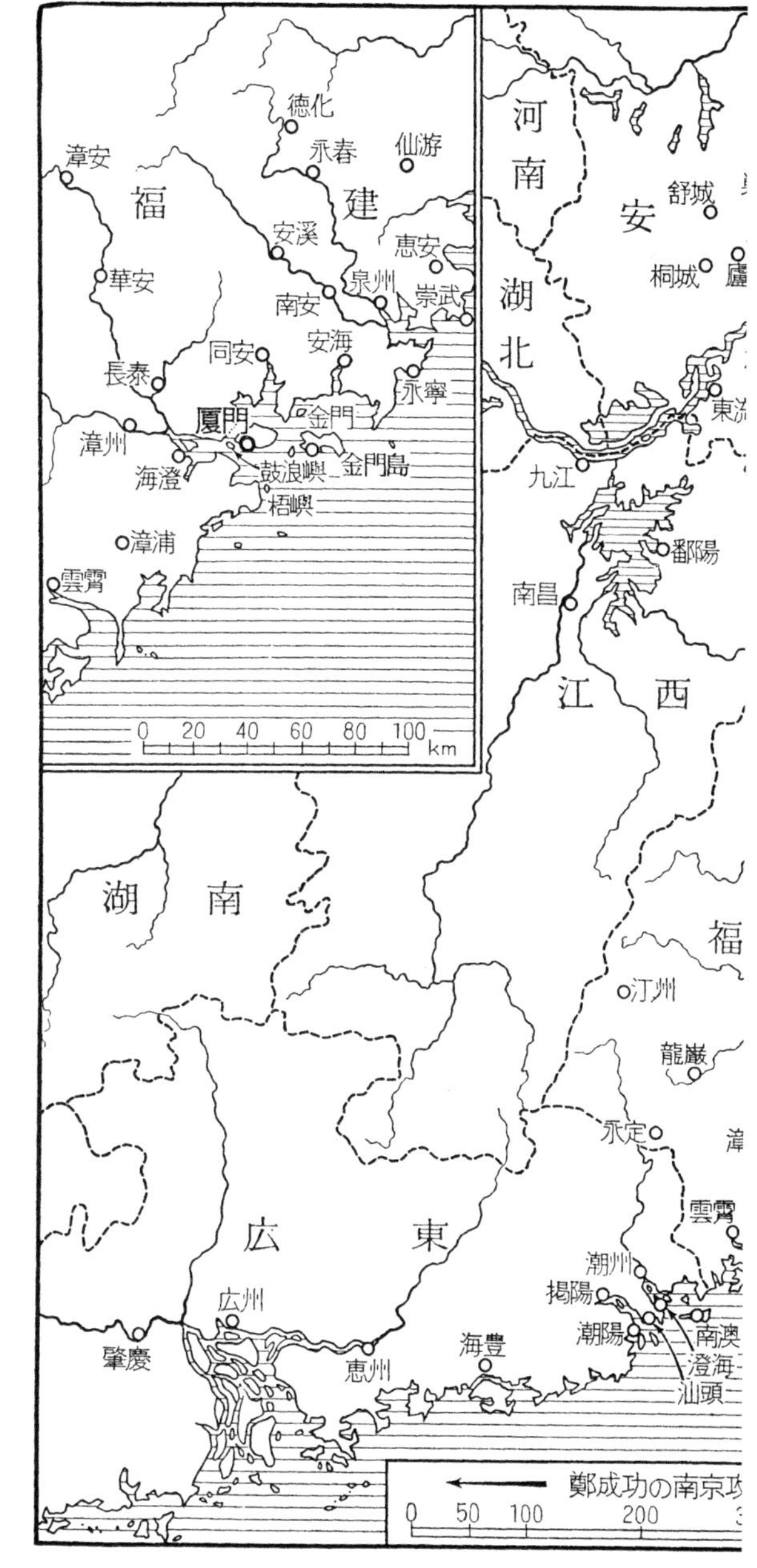

德化
永春
仙游
漳安
福
建
安溪
恵安
華安
泉州
崇武
南安
同安
安海
長泰
永寧
金門
厦門
漳州
鼓浪嶼
金門島
海澄
梧嶼
漳浦
雲霄
0 20 40 60 80 100 km
河
南
安
舒城
湖
北
桐城
九江
鄱陽
南昌
江
西
湖
南
福
汀州
龍巖
永定
雲霄
潮州
揭陽
潮陽
南澳
澄海
汕頭
広
東
広州
肇慶
恵州
海豊
鄭成功の南京攻
0 50 100 200

著者略歴

明治四十三年生れ
昭和十年東京大学文学部東洋史学科卒業
茨城大学教授、同図書館長、同地域総合研究所長、同五浦美術文化研究所長等を経て
現在　茨城大学名誉教授、常磐大学講師
　　文学博士

主要著書
東亜史雑攷　明末清初日本乞師の研究　朱舜水
文禄慶長の役　倭寇　新訂魏志倭人伝・他三篇

人物叢書　新装版

国姓爺

昭和三十四年　四月三十日　第一版第一刷発行
昭和六十一年　四月　一日　新装版第一刷発行
平成　三　年　九月二十日　新装版第二刷発行

著　者　石原道博（いしはらみちひろ）
編集者　日本歴史学会
　　代表者　児玉幸多
発行者　吉川圭三
発行所　株式会社 吉川弘文館
東京都文京区本郷七丁目二番八号
郵便番号一一三
電話〇三－三八一三－九一五一〈代表〉
振替口座東京〇－二四四
印刷＝平文社　製本＝ナショナル製本

『人物叢書』(新装版)刊行のことば

人物叢書は、個人が埋没された歴史書が盛行した時代に、「歴史を動かすものは人間である。個人の伝記が明らかにされないで、歴史の叙述は完全であり得ない」という信念のもとに、専門学者に執筆を依頼し、日本歴史学会が編集し、吉川弘文館が刊行した一大伝記集である。

幸いに読書界の支持を得て、百冊刊行の折には菊池寛賞を授けられる栄誉に浴した。

しかし発行以来すでに四半世紀を経過し、長期品切れ本が増加し、読書界の要望にそい得ない状態にもなったので、この際既刊本の体裁を一新して再編成し、定期的に配本できるような方策をとることにした。既刊本は一八四冊であるが、まだ未刊である重要人物の伝記についても鋭意刊行を進める方針であり、その体裁も新形式をとることとした。

こうして刊行当初の精神に思いを致し、人物叢書を蘇らせようとするのが、今回の企図である。大方のご支援を得ることができれば幸せである。

昭和六十年五月

日本歴史学会

代表者　坂本太郎

〈オンデマンド版〉
国姓爺

人物叢書　新装版

2020年（令和2）11月1日　発行

著　者　石原道博（いしはらみちひろ）

編集者　日本歴史学会
代表者　藤田　覚

発行者　吉川道郎

発行所　株式会社　吉川弘文館
〒113-0033　東京都文京区本郷7丁目2番8号
TEL　03-3813-9151〈代表〉
URL　http://www.yoshikawa-k.co.jp/

印刷・製本　大日本印刷株式会社

石原道博（1910～2010）

ISBN978-4-642-75034-9